Superlearning
Schneller lernen ohne Streß

JOACHIM WESTER

SUPER LEARNING

SCHNELLER LERNEN
OHNE STRESS

ENGLISCH VERLAG

CIP-Titelaufnahme der Deutschen Bibliothek

Wester, Joachim:
Superlearning: schneller lernen ohne Streß/Joachim
Wester. – Wiesbaden: Englisch, 1989. 1. Auflage

ISBN 3-8241-0365-6

Printed in Germany.
Umschlag und Innengestaltung Andreas Ruers.

Inhaltsverzeichnis

I.

Superlearning ist tot

Superlearning ist tot

Schade.
Manchmal stelle ich mir vor, wie es gewesen wäre . . .
Die Bombe, dieses großartige Versprechen, das alle Erfahrungen zunichte machen sollte, traf mich etwa 1980 in Form eines Buches:

Superlearning.

Geschrieben von dem amerikanischen Autorinnen-Gespann Ostrander/Schroeder brachte es aus Bulgarien eine Botschaft in den Westen, die nicht nur mich berauschte: Lernen funktioniert ganz anders. Zwar wissen wir fast nichts darüber, wie Lernen tatsächlich vor sich geht (oder vielleicht gerade deswegen), aber: Alles, was wir wissen – so lautete die Botschaft – können wir jetzt vergessen, hier kommt etwas ganz Neues, Unerhörtes, noch nie Dagewesenes, das alle Erfahrungen über den Haufen wirft, eben

Superlearning.

Die Begeisterung der Autorinnen, ihre Freude über unentdeckte Horizonte übertrug sich mühelos auf mich, wie auf viele andere auch. Hier bot sich endlich eine Form des Lernens an, die frei war von all der erlebten Qual der Frustration, dem Versagen. Hier kam die Hoffnung für Kluge wie für Doofe, für jung und alt; auf knapp 300 Seiten eröffnete sich ein neues Paradies uneingeschränkten Lernens, man brauchte bloß . . .

Das Superlearning-Rezept

Man nehme
- als Grundlage einen Sekundentakt, wie ihn beispielsweise ein gut eingestelltes Metronom liefert oder jede Uhr mit Sekundenzeiger: tick-tack-tick-tack

(Zeittakt)

– füge Musik hinzu, die denselben Rhythmus einhält. Freilich nicht irgendwelche Musik: eigentlich passen nur gewisse barocke Larghi ausgewählter Komponisten dazu (eine genaue Titelliste liegt bei). Sie bewegen sich im selben Takt. 60 Schläge in der Minute. Die korrekte und penible Auswahl der Musik bestimmt in allerhöchstem Maße das Ergebnis: „falsche“ Musik beeinträchtigt das Lernen

(Zeittakt) mit Musik

– und trage in einem bestimmten Rhythmus die zu erlernenden Inhalte vor bzw. lasse sie sich vortragen. Als besonders wirkungsvoll hat sich ein Rhythmus von vier Takten Sprache und vier Takten Schweigen erwiesen.

(Zeittakt) mit Musik: Vortrag

Diese drei Komponenten – Zeittakt/Musik/Vortrag – bilden die Präsentation der zu lernenden Inhalte. Was ich also lernen möchte, lasse ich mir auf diese Weise zubereitet live oder per Band antragen. Im Klartext heißt das: Ich unterlege, was ich erlernen möchte, mit einer speziellen Musik und präsentiere es in zeitlich genau begrenzten Häppchen. Ob ich schnell oder langsam, laut oder leise spreche, spielt dabei keine Rolle; wichtig bleibt nur die Einhaltung des Zeittaktes.

Das so zubereitete Menü nehme ich in entspanntem Zustand auf, das heißt

– ich höre mir den Vortrag *entspannt* an. und „entspannt“ ist und bleibt eines der Zauberworte von Superlearning.
  Nicht angestrengt büffeln, stirnzerfurcht und grübelnd, sondern eben: ganz entspannt dem Vortrag hingegeben, ihm lauschend, ihn genießend.

Doch auch

– still *wiederholend* in den Pausen, je nach Variante mit offenen Augen aus den Unterlagen ablesend, oder aber mit geschlossenen Augen ihn sich vorstellend: Ich stelle mir den gesprochenen Vortrag als gedruckten Text vor, den ich mit meinem geistigen Auge verfolge.

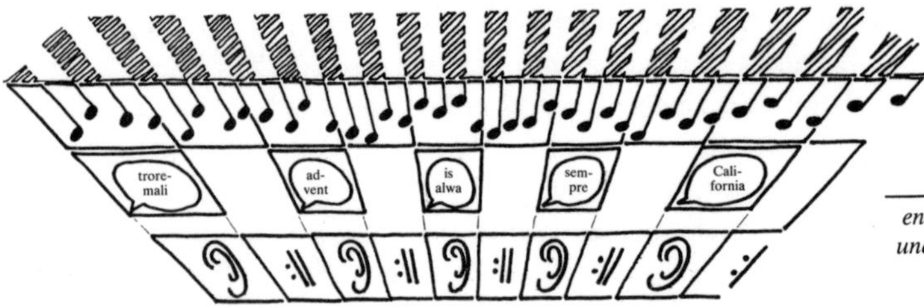

(Zeittakt)
mit Musik:
Vortrag

entspannt hören
und wiederholen

– Schließlich und endlich *atme* ich während des Vortrages noch im entsprechenden Takt mit. Meine volle Konzentration gilt dem gesprochenen Wort. Also lausche ich gebannt – und halte den Atem an (vier Sekunden lang, für einen Textabschnitt). Die Pause zwischen zwei Tonabschnitten nutze ich zum Aus- und wieder Einatmen.

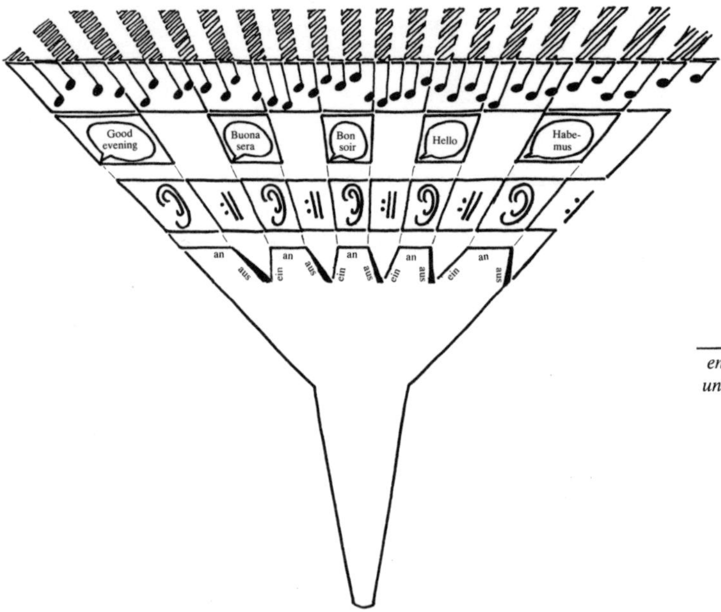

Zeittakt
mit Musik:
Vortrag

entspannt hören
und wiederholen
dabei atmen

Während also der entsprechend zubereitete Vortrag abläuft, synchronisiere ich, der ich lernen will, Hören/Wiederholen/Atmen; ich atme, wiederhole und höre im selben Takt wie der Vortrag.
Trotz seiner heutigen kühlen Klarheit verwirrten mich damals die vielen Vorgänge, die miteinander gekoppelt waren. Hören und gleichzeitig atmen – wo gab es schon so etwas! Aber die Logik, letztlich doch auch die Klarheit

der Anordnung, dieses wohlgesetzte Konzept bestachen dennoch. Ich fühlte mich verletzt durch die begeisternde Stoßkraft dieser Idee, ihren Anspruch – und durch den erschütternden Kontrast zu meiner eigenen bitteren Lernzeit. Es lag eine solche Faszination in dieser einfachen Formel, der ich mich auf Dauer nicht widersetzen konnte.

Diese Formel stellt das Herzstück des Buches dar. Unwillkürlich reduzierte ich dessen viele Seiten auf diese nüchterne Anordnung und ließ andere Informationen nur noch am Rande zu – ein Vorgehen übrigens, das ich später bei vielen Kollegen wiederfinden sollte.

Also begann ich zu üben, mit anderen und alleine konzertante Vorträge zu erstellen, die alten Entspannungstechniken hervorzuholen und hinzuzufügen. Im Takt atmen konnte ich – dachte ich – durch meine damalige Yogapraxis. Ich gab Englisch-Kurse – was also lag näher, als dieses Superlearning auch in meinen Kursen anzubieten?

Mit all meiner Begeisterung stürzte ich mich auf diese Aufgabe und manchmal wohl auch auf die Kursteilnehmer. War doch diese Formel idiotensicher!

Oder war sie es doch nicht? Bei der Lektüre des Buches hatte ich den Eindruck gewonnen, als sei die Art der zu lernenden Information letztlich egal. Ob Telefonbuch oder neue Sprache: Der Inhalt spielt keine Rolle. Es war alles so kinderleicht – nur, warum *lernten* die Teilnehmer dann nicht in dem erwarteten Maße? Warum brachen sie die rhythmische Atmung ab? Was taten sie überhaupt? Wiederholten sie wirklich, indem sie still für sich nachsprachen und sich das Gesprochene gleichzeitig vergegenwärtigten? Warum war dem einen der Takt zu langsam und dem anderen zu schnell? Warum wälzten sie sich unruhig herum oder fielen in einen von Schnarchen begleiteten Schlaf? Und warum erinnerten wieder andere sich nur an gewisse Teile der Informationen?

Ich für meinen Teil wußte, daß ich meine Hausaufgaben gemacht und die Texte fachgerecht präpariert hatte: streng hatte ich mich an die Musik gehalten, immer wieder neue Bänder geschaffen mit oder ohne integriertem Piepston, der einerseits Anfang und Ende der Texteinheiten, andererseits die notwendigen Zeiten zum Aus- und Einatmen signalisieren sollte. Gemäß Anweisungen hatte ich die Texte aufgefächert, sie – was ebenfalls empfohlen wurde – in verschiedenen Ton- und Emotionslagen vorgetragen:

Warum, zum. . . , kam so wenig und so langsam dabei heraus? Gewiß wuchsen mit zunehmender Übung die Fähigkeiten der Lernenden, mehr Informationen zu behalten – warum aber blieben sie trotzdem hinter den wohlbegründeten Erwartungen zurück?

Es mußte und konnte doch nur an den Teilnehmern liegen! Eigentlich logisch. Also verdoppelte ich meine Anstrengungen, Entspannung und richtiges Atmen zu lehren (und meine eigenen Erfahrungen zu vergessen).
Vergeblich: Meine Teilnehmer gaben gedemütigt auf, weil sie die Gründe für die ausbleibenden Superergebnisse in ihrer angeblich fehlenden Intelligenz suchten; ich wurde immer verwirrter.
Und erst mit zunehmender Frustration gestattete ich mir die Einsicht, daß ich dabei war, das Pferd von hinten aufzuzäumen. Die Teilnehmer gaben doch das Beste! Und ich?
Gut, ich hatte keinen Kurs bei Herrn Lozanow, dem ursprünglichen Promoter dieser Methode, gemacht, ich war auch nicht bei anderen Leuten in die Lehre gegangen, sondern hatte mich treu – und naiv – an das Buch, seine Ausführungen und Versprechungen gehalten.
Um es provozierender auszudrücken: Ich hatte mich an den Buchstaben des Gesetzes gehalten. Und der ist leblos.
Ohne Leben.
Die Formel war *ohne Leben,* wie Formeln nun mal sind. Womit hatte ich denn gearbeitet?

Der Zeittakt wurde von einer Uhr vorgegeben, die bei Tag und Nacht, Schnee, Eis und Hagel wie auch bei Sonnenschein mechanisch, unbeirrt ihrer Wege geht: tick-tack-tick-tack – mit realen Zeitabweichungen von einer x-tel Sekunde pro Jahr. 60 Schläge pro Minute. Ich selber, der ich lebe und atme, bin mal schneller, mal langsamer in meinem Tun, habe mehr oder weniger Energie zur Verfügung; ich lebe in meinem eigenen Rhythmus, der alles andere ist als – mechanisch.
Und dennoch hatte ich mein ganzes Vorgehen auf einem gnadenlos mechanischen Takt aufgebaut, der für abweichende Gedanken, Rülpsen, Nachrichten meiner Organe, ihre jeweilige Tageslage sowie für meine Gemütsverfassung kein Pardon kennt. Ich hatte von meinen Teilnehmern erwartet, daß sie sich diesem Monstrum unterwarfen, daß sie sich ihm anpaßten, sozusagen beatmet und be-lernt wurden. Kein Wunder, daß sie sich auf ihre Weise zur Wehr setzten.

Was das Erkennen dieses Umstandes so schwierig machte, war die Musik. Sie überlagerte ja den Zeittakt, der eigentlich nur das Unhörbare, aber desto straffer regulierende Maß des Vorgehens war. Die Musik bildete die Fassade, eine wohltönende Maske aus 60 Schlägen in der Minute.
Schon bei diesem Auswahlkriterium hätte ich, im Nachhinein gesehen, stutzig werden müssen. Denn obwohl eine genaue Musiktitelliste angegeben ist, obwohl ich mir die Musik entsprechend zusammenstellte, sperrte sich die Musik gegen das ihr verordnete Zeitkorsett: Ihre Dynamik ließ sie mal langsamer, mal schneller als gefordert ablaufen. Sie verhalf dem Zeittakt nicht zu tönendem Ausdruck, sie konterkarierte ihn, entwand sich ihm, ließ sich nicht einsperren – wie die Teilnehmer.
Andere Menschen, die mit der Formel arbeiteten, müssen dies ebenso gemerkt haben. Bald sah man allgemein von dem starren Zeittakt ab und paßte sich mehr der Dynamik der Musikstücke an. Das milderte zwar die brutale Vergewaltigung durch das Uhrwerk, blieb aber gleichwohl Fassadenwerkelei: Ordne dich unter.

Um den Text in den geforderten 4-Sekunden-Einheiten präsentieren zu können (möglichst auch noch mit deutscher Übersetzung), mußte ich ihn zerstückeln, den einen Teil des Satzes in die erste Einheit, den anderen in die zweite stecken. Was als Ausdruck organischen Lebens begonnen hatte, wurde zu sinnlosen Konserven zerhackt – immer unter dem Diktat der Zeit. Mal waren der Worte zu viele, dann zu wenige. Lange habe ich als Vortragender an diesem Verstümmeln gelitten – und doch immer wieder probiert. Wenn ich dann beim rhythmischen Vorlesen (vier Sekunden lesen, vier Sekunden schweigen) schließlich jede Orientierung verloren hatte, nicht mehr wußte, ob ich gerade gelesen oder geschwiegen hatte, dann zweifelte ich wohl auch an mir, ob ich es je schaffen würde. Und noch ein Versuch.

Am wenigsten Schwierigkeiten dagegen bereitete da anscheinend noch das Zuhören und stille Wiederholen von seiten des Lernenden – nachdem er für sich eine Möglichkeit gefunden hatte, aus dem rigiden System etwas auszubrechen,

d. h. *nachdem* er das rhythmische Atmen aufgegeben hatte. Bei all meinen vielen Kursen habe ich niemanden gefunden, der die geforderten 15 Minuten tatsächlich konsequent im Takt ein- und ausgeatmet hätte – mich inklusive. Dem Himmel sei Dank.

Auch hier hätte ich mich von meinen Vorerfahrungen mit Atemübungen des Yoga stärker vorwarnen lassen sollen! Da hält man es für unverantwortlich, jemanden ohne intensive täglich und monatelange Vorarbeit 15 Minuten lang einen starren Atemrhythmus einhalten zu lassen, dessen Maß darüber hinaus nicht der Atmende selber bestimmt, sondern das ihm vorgegeben wird. Die klinische Beatmungsmaschine mit all ihren Schrecken läßt hier grüßen.
Daß ein solcherart gefordertes Atmen ohne intensivste und langwierige Vorbereitung zu Schädigungen der Lunge führt, bleibt ebenso unerwähnt. Die Teilnehmer meiner Kurse waren da weiser. Sie atmeten so lange im Rhythmus, wie es ihnen leicht fiel, und vergaßen ihn dann. Oder sie stahlen sich heimlich aus ihm heraus und waren heilfroh darüber. Freilich blieb immer ein leicht bitterer Nachgeschmack des „Ich hab's nicht geschafft" – was wiederum dem Lernerfolg abträglich war.

Und so war es denn auch nicht weiter verwunderlich, daß im Laufe der Zeit bei mir und anderswo das begleitende rhythmische Atmen auf der Strecke blieb (und der Zeittakt).
Wie weit ließ sich diese Formel noch auf das Wesentliche reduzieren?
Der Vier-Sekunden-Rhythmus verabschiedete sich stockend. Und waren wirklich nur barocke Larghi geeignet?
Ich denke, aus Frustration über die ausgebliebenen, aber so lebhaft versprochenen Lernerfolge entkleideten wir, die wir mit Superlearning arbeiteten, in der Folge diese schöne Puppe, nahmen ihr nacheinander all ihre schönen Kleider, bis nur noch ein Element übrig war: Entspannung. Die Einsicht, daß es möglich ist, in der Entspannung, mit Geist pur sozusagen, unter weitestgehender Ausschaltung des Körpers zu lernen.
Dieser Prozeß zog sich über Jahre hin und ist heute noch nicht abgeschlossen. Weltweit, ohne daß es detaillierter Kommunikation bedurft hätte, dieselbe Tendenz: Wir tragen Superlearning zu Grabe.
Und schon streiten sich die Verwandten über die Hinterlassenschaft.

Ostrander/Schroeder waren bei ihren Recherchen zu dem Buch an den Rand eines wohlbehüteten Geheimnisses vorgedrungen: Zwar wurden die Erfolge von Herrn Lozanows Arbeiten lauthals propagiert, doch sein tatsächliches Vorgehen verschleiert, von wem und auf wessen Veranlassung bleibt unklar; Ostrander/Schroeder versuchten auf ihre Weise, Licht in dieses Dunkel zu bringen und setzten nach und nach die Bruchstücke von Informationen, die sie zu erhaschen imstande waren, zu dem zusammen, was als „Superlearning" bekannt wurde: Eine westliche, rationale Interpretation einer völlig undurchsichtigen Methode. Nie hat ein intensiver Erfahrungsaustausch zwischen den Autorinnen und Lozanow stattgefunden. Er hütete seine Geheimnisse (zu der Zeit wenigstens), Ostrander/Schroeder versuchten sie ihm zu entreißen (zumindest wissen sie die Entstehung ihres Buches so zu schildern).
Als das Buch erschien, wurde es mit Kritik überhäuft – und entwickelte sich zum absoluten Schlager auf dem Lernsektor. Endlich einmal etwas Neues, endlich frischer Wind in den Mief eingefahrenen Lernens.
Daß es längst schon andere Ansätze alternativen Lernens gab, ging dabei völlig unter; daß Superlearning nur die griffige Spitze eines riesigen Eisberges ist, wurde gern übersehen: Weckte es doch – allen Mächten sei Dank – auf breitester Ebene einen längst totgeglaubten Enthusiasmus auf: *Lernen ist möglich.*
Und in diesem Punkt liegt wohl das Hauptverdienst der beiden Autorinnen. Daß sie die alten Einwände („lernen muß weh tun") wegwischten, daß

sie es mit ihrer Begeisterung schafften, unzählige Menschen zu neuen Ansätzen im Lernen zu begeistern und daß sie einer neuen Utopie zum Ausdruck verhalfen, der wir heute noch freudig nachhecheln.
Durch den überraschenden Erfolg des Buches sah sich Lozanow (?) gezwungen, mehr an die Öffentlichkeit zu treten und sich von dem Ergebnis der amerikanischen Autorinnen zu distanzieren, bzw. durch seine westlichen Epigonen auf das ausschnitthaft Verfälschende des „Superlearning", auf seinen marktschreierischen amerikanischen Konsum-Charakter (man nehme . . . und schon kann man) verweisen zu lassen. Statt dessen bildete er „Suggestopäden" aus, die seine „Suggestopädie" (das ursprüngliche „Superlearning") in eigens dazu gebildeten Lozanow-Instituten propagieren sollten.
Suggestopädie (Lehren mit Hilfe von Suggestionen) verschiebt die Akzente deutlich von dem mechanischen Ablauf (dem Nürnberger Trichter) zu einem viel aufwendigeren, stark psychologisch arbeitenden Verfahren, das am besten mit „unterschwellig" bezeichnet werden kann. Es berücksichtigt in ungleich höherem Maße die Vielfalt und Lebendigkeit des Menschen und versucht diese mit gezielten Suggestionen für das Lernen nutzbar zu machen.
Doch Lozanows Schritt in die westliche Öffentlichkeit kam zu spät, seine Institute (in den USA und Liechtenstein) haben sich bis heute nicht durchsetzen können. Sie bereichern nur die Palette neuer Lernformen, die sich seither aufgetan hat.

Zwar ist Superlearning tot und Suggestopädie ein Wort, das sich irgendwie weigert, in den Mund genommen zu werden, doch der Geist von beiden lebt.
Er lebt in einer Form, die eine klare Trennung zwischen Superlearning, Suggestopädie, neuem Lernen o. ä. nicht mehr zuläßt. Zwar sind längst die alten Glaubenskriege neu darüber entbrannt, wer denn nun die „wahre" Lehre, was immer sie sei, vertritt, doch sind das nur die üblichen Geplänkel um die heiß umkämpften Marktanteile.
Die „wahre" Lehre, diese Utopie, hat es nie gegeben; nur das Feuer, das in all den heute existierenden Varianten brennt, ist dasselbe: der aufgeregte Aufbruch zu neuen Ufern des Lernens.
Für den Lernenden bedeutet das heute, daß sich hinter einem einheitlichen Namen (ob Superlearning oder Suggestopädie oder anders) nicht unbedingt dasselbe oder Gegensätzliches verbirgt. Die Namen bleiben, die Wege und Methoden ändern sich. Der Wald ist in Bewegung, und mir bleibt das eigene Nachschauen nicht erspart. Wie gut.

Wenn ich also Superlearning zu Grabe trage, dann in dem frohen Bewußtsein, daß es seine Aufgabe mustergültig erfüllt hat, um nun Platz zu machen für seine Nachfolger.
Mit einem weinenden Auge: Superlearning ist tot . . .

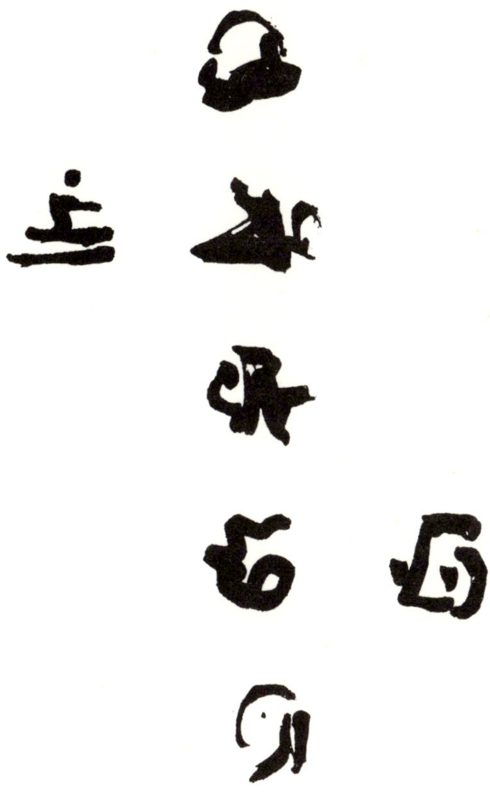

II.

Zwischenwort

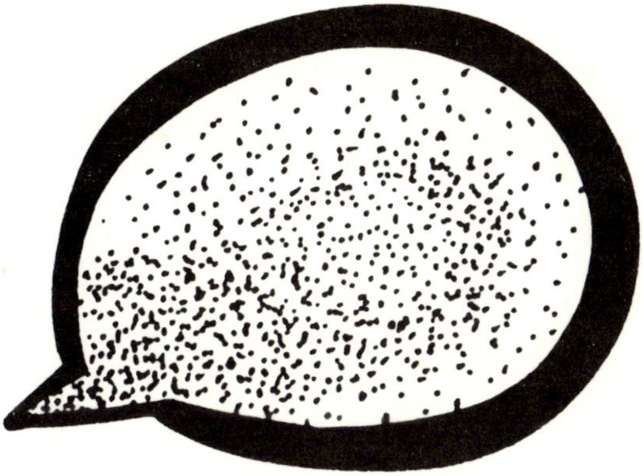

Zwischenwort

Ich schreibe von meinen Erfahrungen mit dem alten Superlearning, um – zeitgerafft – einen Lernprozeß zu veranschaulichen, den ich durchmachen konnte; aber auch, um klarzustellen, daß es mir weder um diesen mißratenen Nürnberger Trichter noch um Suggestopädie oder andere, neue Formen des Lernens geht, wie andere Menschen sie praktizieren.
Ich möchte vielmehr meine eigenen Erfahrungen und Schlüsse daraus so darstellen, daß sie vielleicht den Leser anregen, sich wieder neu in das Abenteuer des eigenen Lernens zu stürzen. Das nenne ich dann „Superlernen – Superlearning“:

- die Freude am Lernen steigern und
- das mitschwingende Versprechen einlösen, neue Wege finden, Horizonte erweitern, um sich und die Welt um sich herum ändern zu können. Vom jeweils eigenen Standpunkt aus, mit den ganz individuell verschiedenen Fähigkeiten und Eigenschaften.

Lernen, wie ich es verstehe, ist somit eher eine Frage der Haltung, meiner inneren Einstellung gegenüber meinem Leben, als der „Tricks“ und „Kniffe“, die es erst zu erwerben gilt.

Das „alte“ und das „neue“ Superlearning verbinden ein paar wichtige Eigenarten:

- Es ist möglich, einfacher und schneller zu lernen. Lernen kann Spaß machen.
- Lernen ist nicht nur am Schreibtisch sitzend möglich. Es gibt andere Bewußtseinszustände, die ich lernend leben kann.

Dabei denke ich, daß grundsätzlich keine Art zu lernen besser ist als eine andere. Wo mein altes Lernen der Schulzeit davon auszugehen schien, daß der Mensch ein leerer Behälter sei, den es mit ‚Stoff‘ zu füllen galt; wo das ursprüngliche Superlearning, wie es von Ostrander/Schroeder verkündet wurde, und auch ihre „Nachfolgerin“, die Suggestopädie, letztlich viel mehr die unterschwellige Beeinflußbarkeit, also die Manipulation des Menschen zu seinem Besseren betonen; da geht es mir, bei der hier vorgestellten Version des Superlearning, mehr um den Nachweis, daß Leben und Lernen dasselbe sind.
Jede dieser drei oder mehr Vorgehensweisen (denn es gibt viele Superlearning-Versionen) hat ihre Vorzüge und ihre Nachteile, ihre Anhänger und Dissidenten. Keine ist „superer“.

Die Vielfalt der möglichen Lernformen bringt es vielmehr mit sich, daß ich als Lerner die mir gerade passende Methode aussuchen kann. Erziele ich mit ihr keine Erfolge, kann ich mich immer noch einer anderen zuwenden. Und wieder einer anderen. Bis ich gefunden habe, was mir im Augenblick den größten Nutzen bringt. Das ist dann für mich eben – Superlearning. Viel Freude also beim Ausprobieren.

Danken möchte ich an dieser Stelle den Damen Ostrander/Schroeder – obwohl wir uns nie gesehen haben – für ihr wahrhaft auf-regendes Buch; danken auch Herrn Lozanow, den ich ebenfalls nicht persönlich kenne, für sein mutiges Auftreten und all seine vielen Ungereimtheiten. Wäre er „wissenschaftlich fundiert“ und modifiziert an die Öffentlichkeit getreten, wäre es zu diesem Buch nie gekommen.

Dank auch den vielen Autoren, deren Bücher und/oder Artikel ich in den letzten Jahren lesen konnte, für die Menge von Anregungen. Einige Namen finden sich im Anhang wieder, andere sind zwar dem Gedächtnis wieder entschwunden, leben aber in den Ergebnissen ihrer Anregungen weiter. Vor allem aber möchte ich den vielen Teilnehmern meiner Kurse danken, die mir oft wegen meiner Begeisterung meine Fehler nachgesehen und diese Spiele neuen Lernens mit mir gespielt haben. Mir wird immer klarer, wie schwer dieses Miteinander wiegt. Lernen ist zu mehr als einem bloßen Aufsaugen von Informationen geworden. Es ähnelt nun einem Austausch von Nahrung, mit dem wir uns in einem großen Netzwerk gegenseitig am Leben erhalten.

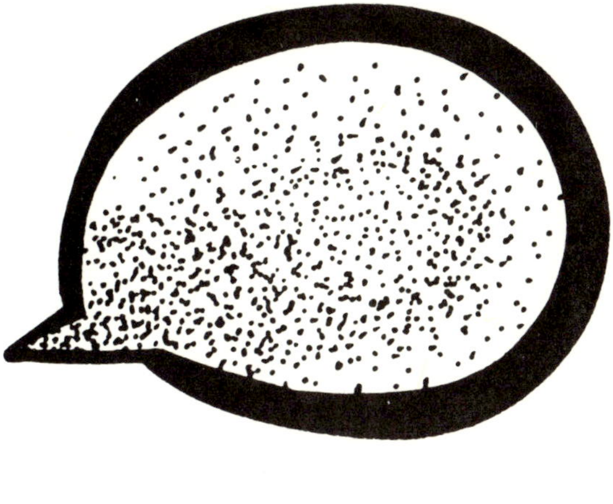

III.

Lang lebe Superlearning

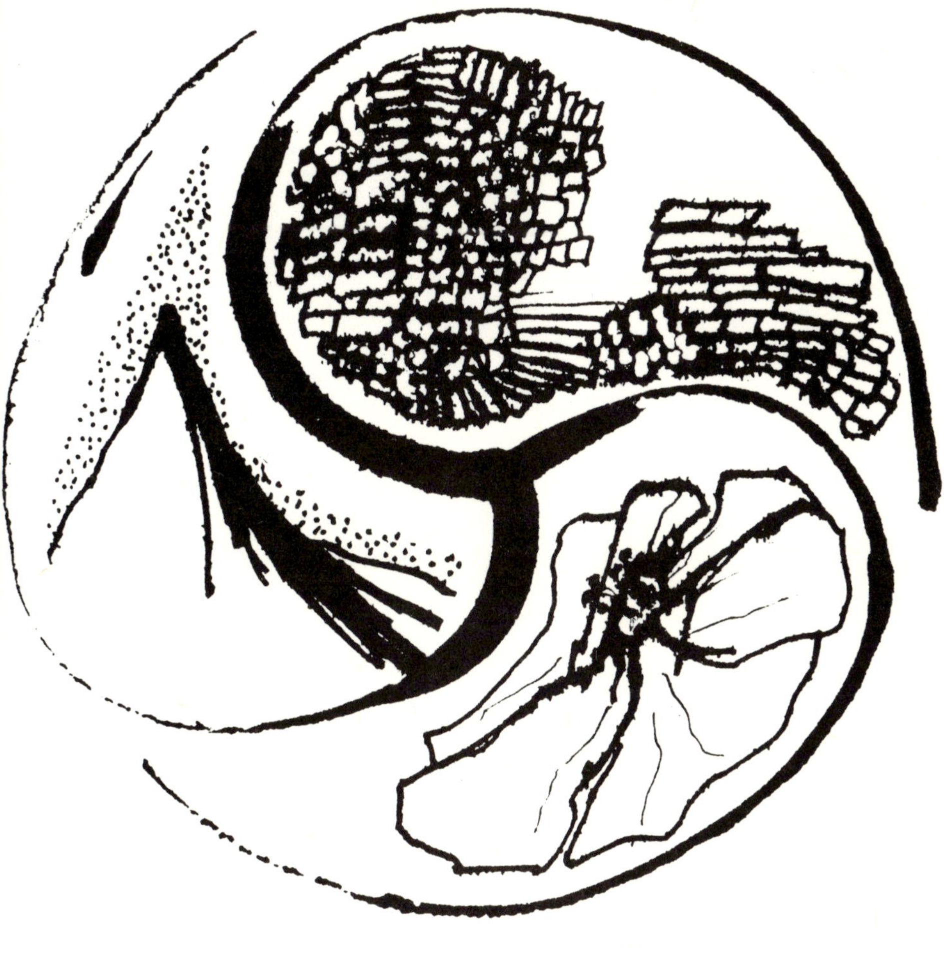

1.

DENKEN

„Denken schafft wirkliche Schleier“

Gobo-abe (1217–73)

Lang lebe Superlearning

Natürlich weiß auch ich nicht, wie Lernen vonstatten geht. Ich habe meine Vermutungen, gezogen aus vielen Interpretationen von eigenen Erlebnissen (auch Erfahrung genannt) und den Interpretationen fremder Erfahrungen. Wir alle suchen wohl nach *der* Formel – und genießen gleichzeitig dieses Suchen. Vielleicht sind die letzten Antworten doch nicht so wichtig wie der Weg zu ihnen.
Meine Vermutungen führen mich zu einer Erweiterung der alten Lehr-/Lernweise, wonach es gilt, leere Behälter mit Wissen zu füllen. Für mich deutet alles darauf hin, daß Lernen von innen nach außen und wieder zurück in einem ständigen Austausch geschieht. Aus Gedanken und Gefühlen entwickelt es seine eigene Richtung und Form, es setzt sie um in konkrete, greifbare Realität. Lernen wird damit zu einem schöpferischen Prozeß. Wenn ich lerne, erschaffe ich meine eigene Wirklichkeit. Ich lebe. Ein faszinierendes Unternehmen.

Wer dieses lernende Wesen „ich“ nun ist – auch das wissen die Götter. Sprache scheint nicht auszureichen, wenn es darum geht, dieses „ich“ zu erkennen. Zu verwirrend mischen sich Gedanken, Gefühle, Taten, Ahnungen, Träume, Hoffnungen, Philosophie, Religion und Erfahrungen, als daß Sprache allein Klarheit bringen könnte.
(Einige neue, faszinierende Ansätze fand ich in den Seth-Büchern von Jane Roberts. Sie fließen in dieses Buch mit ein.)
Trotz dieser Unsicherheit in der Definition bin ich da und schreibe. Fehlende Klarheit hindert mich zwar nicht daran zu leben. Unsere Denker meinen aber, in größerer Klarheit lasse es sich besser leben.

Ich lebe in einer vielfältigen Welt. Da wird es hell, ich erwache zu einem neuen, in dieser Form noch nie dagewesenen Tag. Ich möchte dies oder jenes tun, andere Menschen erwarten von mir anderes, Temperaturen und Wetter ändern sich ständig, fließen im Rhythmus von Tag und Nacht durch

die Jahreszeiten, Jahre und Jahrzehnte.
Im Kleinen schwinge ich im Rhythmus meines Herzens und meiner Organe. Ungesehen zerfalle ich unter meinen eigenen Augen, sterbe und gestalte mich neu.
Draußen bläst der Wind, zwitschern die Vögel, ändern im Wind die Wolken ihre Form. Frühlingsfarben glühen auf, werden stumpf, versinken unter meinen Gedanken, Plänen, Absichten, Wünschen. Millionen von Körperzellen arbeiten auf Hochtouren, im ständigen Austausch miteinander und mit der Welt um mich herum begriffen.

Und in all dieser Unrast, in dem ständigen Hin und Her behauptet sich ein Gedanke, tanzt auf den Wellenspitzen wie ein Korken: Ich lebe, ich bin da. Was mache ich eigentlich?
Die Vielfalt erschlägt m-ich, ich er-trinke in ihr (trink deinen Becher). Vorsichtig.
Und so blende ich aus. Ich beginne, mit mir selbst ein Spiel zu spielen; das heißt, „vielleicht“. Ich tue jetzt so, als ob es diese unendliche, sich fortwährend verändernde Vielfalt nicht gäbe. Ich will meine Ruhe, meine Sicherheit und Beständigkeit, damit ich weiß, ich bin noch da. Ich will so tun, als ob ich stille stehen könnte, um mich auf eine Sache zu konzentrieren. Dieser Vogel, was macht er da?
So rede ich mich in Trance, falle in einen permanenten Halbschlaf, lebe in Zeitlupe.

Je mehr ich ausblende, desto mehr werde *ich*. Ich beginne, Konturen anzunehmen, Ecken und Kanten, an denen dann im Strom des Lebens Gegenstände und Menschen haften bleiben. Jetzt reibe ich mich an meinen Mitmenschen, kämpfe gegen (m)ein Schicksal – und sehe mich selber immer klarer.
Ich bin das Ergebnis meines Weg-Sehens.

Ich bin das Ergebnis meines Hinsehens. Aus dem Wust mich umgebender Reize nehme ich den Vogel heraus. Indem ich mich auf sein Gezwitscher konzentriere, scheine ich es erst so richtig zum Leben zu erwecken. Ich erkenne auf einmal bestimmte Muster, nenne sie Gesang, unterscheide sie von anderen Gesängen.
Suche nach dem Sänger, schaue ihn mir an, nehme seine Gestalt, seine Bewegungen, seine Farben wahr – die ich von denen anderer Sänger unterscheiden lerne.
Indem ich mich auf ihn konzentriere, scheint er erst unter meinem Hinschauen zu entstehen, erst er, dann seine Brüder, dann die Vogelwelt und die Welt um sie herum. Und ich.

Alle Wege führen zu mir zurück. Ich bin kein Vogel, ich zwitschere nicht, ich schreibe. Ich sitze anders und kleide mich . . . Ich lerne, in einer bestimmten Art und Weise zu schauen. Dieses sehe ich, jenes nicht. Hier sehe/schaffe ich Unterschiede, dort Gemeinsamkeiten. Immer aber schaffe ich damit m-ich. Ich erschaffe mich selber.

(Und dies ist nur *eine* Sicht von vielen anderen möglichen. Wir alle experimentieren wohl damit – und wundern uns.)

Ich erschaffe mich, indem ich beschließe, nur bestimmte Dinge, auf ganz bestimmte Art und Weise zu sehen.
Ich erschaffe mich auch, indem ich die grandiose Vielfalt und die unendlichen Möglichkeiten um mich herum verleugne und aus meinem Bewußtsein entferne. Indem ich also vergesse.
Beides gehört offensichtlich zusammen, wie die zwei Seiten einer Münze. Eine bedingt die andere. Ich bezahle für jede Entscheidung.

Was ich also jetzt, hier und heute bin, bin ich aufgrund von Entscheidungen, die ich irgendwann getroffen habe. Die Entscheidung, in meinem Können nur bis hierhin zu gehen; die Entscheidung, andere Fähigkeiten zu vergessen, bestimmte Dinge nicht auszuprobieren, bestimmte Gedanken nicht zu denken.
Ich bin wie ich bin, weil ich mich auf ganz bestimmte Schritte und Vorlieben, auf Gewohnheiten und Dinge konzentriert habe, um den Rest vergessen zu können. Um meine Ruhe zu haben. Und Sicherheit. Und m-ich.

Das alles ist völlig in Ordnung. Solange ich damit zufrieden bin, Friede herrscht, relative Bewegungslosigkeit.
Doch wer wollte den Wind anhalten, das Wasser, die Beben unserer Erdkruste und meiner eigenen Organe; wer wollte die Zellen meines Körpers am Sterben und Neu-geborenwerden hindern? Ich *weiß,* daß das Unsinn ist. Diese Dinge ändern sich eben. Dagegen kann ich nicht viel machen (außer mich in luftdichte, wasserdichte, erdbebensichere Häuser zurückziehen und die Bewegungen meiner Organe und Zellen, meines Körpers und möglichst auch meines Geistes weitestgehend ignorieren; am besten in Bunkern traumlos schlafen).

Der Gedanke wird unsinniger, je weiter ich darin fortfahre. Die Dinge ändern sich eben. „Alles fließt“, sagt Heraklit, der sich noch nicht auf vollisolierte Wohnwürfel konzentriert hatte. Er hätte sicher seinen Spaß gehabt bei meinen Bemühungen, so zu bleiben, wie ich bin. Ich will so bleiben, wie ich bin. (. . . verweile doch, du bist so schön). Wer still steht, geht zum Teufel.

Schließlich bewege ich mich doch, mehr geschoben zwar als aus eigenen Stücken, aber ich bewege mich. Ich trage meinen Teil zur allumfassenden Änderung bei. Ich reagiere nun auf Veränderungen meiner Umgebung. Wer würde schon in Eis und Schnee baden wollen? Also warte ich damit bis zum Sommer – oder baue mir ein Schwimmbad. Wenn ich schon kein Quellwasser mehr haben kann, kaufe ich eben Mineralwasser oder Bier oder Soft-Drinks. Das nenne ich dann Leben.

Ich könnte es auch Lernen nennen. Ich reagiere auf meine Um- und Innenwelt, ich ändere sie und mich. Ich tue Dinge, die ich vorher nicht getan habe. Ich erfahre meine Umwelt und mich neu, ich mache meine Erfahrungen. Ich lerne.

Ich fließe mit im großen Strom der Veränderungen. Ich lebe.

Ohne Leben kein Lernen. Wenn Steine lernen, dann in unserer Zeitvorstellung nur sehr, sehr langsam. Was sich schneller bewegt, lernt schneller. Ich muß lebendig sein, fähig, mich zu bewegen, um lernen zu können, d. h., Bewegung zuzulassen. Wenn ich lerne, lasse ich Bewegung zu, d. h., Leben. Ohne Lernen also auch kein Leben. Sträube ich mich gegen dieses Lernen, verhalte ich mich wie ein Ast, der den Strom anhalten will. Er sperrt sich – bis ihn die wachsende Gewalt des Stromes bricht und hinwegschwemmt. Auch Staudämme halten schließlich nur, weil sie nicht alles Fließen behindern. Will ich nicht lernen, verdorre ich wie ein Baum, der im Frühjahr keine neuen Blätter und Blüten treiben will. Der nächste Windhauch wird ihn fällen.
Lernen heißt eigentlich nur Leben (und damit Bewegung, Änderung, Neuerung) *zulassen.*

Und dann kommt die große Gemeinheit. Wenn ich etwas zulasse, dann bin ich ja gefragt mit meiner eigenen Entscheidung. *Ich* entscheide: nachgeben oder nicht? Lernen ist dann wohl mehr als nur auf Änderungen meiner Welt zu *reagieren,* mich zu meinem Glück (oder Unglück) treten zu lassen. Anscheinend kann ich Lernen nicht einfach erdulden. Ich kann nicht hinnehmen, daß etwas an mir getan und dann der Vorgang „lernen" genannt wird. Vielmehr bin ich *gefragt,* mein eigenes, aktives Zutun. Anders gesagt: Ich muß lernen wollen (wieder so eine schizophrene Sache: Ich kann nicht unter Zwang wollen; „Wollen" schließt das „Müssen" aus. Ich kann niemanden zum Lernen zwingen. Auch der Gesetzgeber die Schüler nicht).
Ich sehe mich also gezwungen, anders zu formulieren: Lernen, also mich zu verändern, ist meine ureigenste Sache, die mir niemand abnehmen kann. Ich entscheide, wie ich lebe/lerne, allein. Es geht um mein Leben, mein Lernen. Mein Lernen bestimmt/formt/schafft schließlich mein Leben. Lernen, das ist die Art und Weise, wie und wohin ich das Wasser des Lebens in meine Systeme leite.

Lernen unter Druck, also lernen zu lassen, ist kontrolliertes Sterben. Die Energien des Lebens werden nie dahin gelangen, wo *ich* sie brauche, sondern wo andere sie haben wollen. Sie verändern damit meine Persönlichkeit, mein Leben, dirigieren mich nach ihren Wünschen. Lernen unter Druck schafft hochentwickelte Roboter

. . . und auf die Dauer ähnlich große Widerstände wie der ausgeübte Druck. Der Fluß staut sich. Druck schafft Gegendruck. Die Revolution schafft ihre Gegenrevolution, wenn nicht irgendwo Einsicht den Druck sinken läßt.

Doch ob ich an dem Druck zugrunde gehe, mich ihm anpasse oder sonstwie auf ihn reagiere: Jeder dieser Reaktionen liegt *meine* Entscheidung zugrunde. So oder so lerne ich also, egal wieviel Herrschaft ich anderen über mein Leben zubillige. Immer geht es um mein Leben, mein Lernen.

Akzeptiere ich diesen Gedankengang, kann ich meiner Vermutung nach leichter und schneller lernen; wehre ich mich gegen diese Eigenverantwortung, erkläre ich mich zum Opfer, mit dem meine Welt ihr Schindluder treibt. Auch auf diese Weise lerne ich natürlich – wenn auch unter größten Schmerzen und Verstümmelungen. Die Antwort auf die Frage, ob ich denn nun selbst verantwortlich für mein Lernen bin, birgt also jede Menge Zündstoff, Lernstoff; ohne daß es sich eindeutig sagen ließe, welche Antwort die richtige sei – oder ob es überhaupt *eine* richtige gibt. Vielleicht sollte ich Frage und Antwort und Frage . . . einfach erleben?

Unfairerweise stellt jedoch jede mögliche Antwort die Weichen für mein künftiges Lernen anders. Ich bestimme durch die Wahl meiner Antworten meinen weiteren Weg. *Ich* bestimme. Und was ich dann als Folge erlebe, erlebe ich unwiderruflich so. Wenn mir diese Konsequenz nicht gefällt, kann ich sie nicht im nächsten Geschäft gegen eine angenehmere eintauschen und von vorn beginnen. Inzwischen habe ich nämlich schon mich und meine Welt verändert. Ich bleibe ja nicht stehen. Und zurückgehen klappt nicht. Weiter.

So ist denn jede neue Antwort, die ich mir gebe, gleichzeitig auch eine neue Chance, mein Leben in mir angemessene Bahnen zu leiten, d. h., zu lernen. Und ich entscheide, wie das ver-laufen soll: ganz bewußt oder im Tran, von mir inszeniert oder von anderen, mit oder gegen andere, in Schönheit oder in Armut; der Wege sind offensichtlich viele.

Jenseits dieses Buches lautet also die eigentliche, allererste Frage: Was will ich lernen? (Wie will ich leben?).

„Was will ich lernen?" ist eigentlich eine komische Frage; sie befaßt sich doch mit etwas, was gar nicht *da* ist. Hirngespinste, möchte ich fast sagen („Hirngespinste" stehen so nett im Gegensatz zu den „harten Tatsachen des Lebens"). Ich weiß doch, daß ich eine Fremdsprache lernen, diese Ausbildung machen oder jenen Beruf ergreifen will. Die Sache ist doch klar. Warum diese Frage? Doch sehe ich einen Unterschied zwischen dem Wort „Vogel" und dem, was ich draußen wahrnehme: den lebendigen Vogel in all seiner Anschaulichkeit. Und wenn es nicht mit dem ersten Schritt allein getan ist, sondern der weitere nach sich zieht und die wieder andere; und wenn ich durch meine Konzentration und Ausgrenzung erst die Fakten meines Lebens schaffe, dann mag es wohl angebracht sein, vor dem ersten

Schritt die ungefähre Richtung bzw. das Ziel zu bestimmen.
Wie würde ich wohl als Schalterbeamter reagieren, wenn dieser Kunde zu mir käme:
„Ich hätte gerne eine Fahrkarte.“
„Wohin soll's denn gehen?“
„Keine Ahnung, ich will nur weg.“
Würde ich nicht sagen:
„Sie sollten mir schon sagen können, wohin sie fahren möchten. Wie kann ich Ihnen sonst eine Fahrkarte verkaufen?“
Oder wer baut schon ein Haus, ohne sich vorher Gedanken über seine Größe, Form und Ausstattung gemacht zu haben?

Natürlich kann ich auch ein Haus „spontan“ erbauen, angefangen mit den Feldsteinen, gegen die mein Fuß stößt. Sicherlich läge mehr Lust und Kreativität in einem solchen Haus. Doch gleichzeitig spüre ich seine Umständlichkeit und die vielen Abstriche an Komfort und Gewohnheit, die ich mit diesem Spontanbau hinnehmen müßte. Es wohnt sich bestimmt aufregender darin; doch wer will schon immer „aufregend“ wohnen? Wieder gibt es offensichtlich viele Wege mit völlig unterschiedlichen Konsequenzen.

Alle Wege führen nach Rom – wenn ich nach Rom will.

Um Ent-täuschungen vorzubauen, um schneller und einfacher, übersichtlicher handeln zu können, greife ich instinktiv auf meine Vorstellungskraft zurück. Wie sollte denn mein Haus ausschauen? Anders gesagt: Da das „wirkliche“ Bauen umständlich, langwierig und mühselig ist, suche ich mir eine Ebene, auf der ich dieselben Schritte einfacher, müheloser und gewandter vornehmen kann, wo sich Änderungen ohne Aufwand berücksichtigen lassen. Das ist die Ebene meiner Träume und Phantasien. Sie ist die Spielwiese, auf der ich anscheinend ohne Konsequenzen herumtoben darf, Paläste errichten und zerstören kann, Welten schaffen und vernichten. Hier, und nicht in der sogenannten Wirklichkeit, läßt sich noch am ehesten eine Antwort auf die alte Frage finden: Was will ich?

Dabei mag eine Schwierigkeit auftauchen. Wo in der äußeren Wirklichkeit Worte vorzuherrschen scheinen, verlieren sie auf der Ebene der Träume und Phantasien ihre Kraft. Sie entgleiten mir, werden oft geradezu sinnlos. Natürlich existieren sie noch, kann ich auch mit ihnen arbeiten; nur verläuft dieser Prozeß irgendwie anders. Über ihre Flüchtigkeit hinaus scheinen sie hier viel an ihrer „äußeren" Bedeutung einzubüßen. Sie stehen nackter da, weniger aufgebauscht – und umständlicher. Wenn Worte in der „äußeren" Wirklichkeit als *das* Kommunikationsmittel erscheinen, dann erhalte ich auf der Ebene der Träume und Phantasien den Eindruck, als sei alles nur Schau. Das wirkliche Leben vollzieht sich in der inneren Wirklichkeit in . . .

Bildern. Das habe ich zwar schon immer gewußt, wenn auch nur selten anerkannt.
Denn in Bildern gesprochen erhält diese unschuldige Frage: „Was will ich denn lernen?" eine völlig neue Dimension. Auf der Ebene der Worte habe ich ja schon immer eine Antwort gegeben: Eine Sprache lernen (oder eine Ausbildung machen oder . . .). Doch wie sieht diese Antwort auf der Ebene der Bilder aus?

Wie das so ist: Ich äußere mich in Worten, und wir meinen, wir sprächen von demselben. Ich sage „Tisch", und jeder von uns denkt sich seinen Teil dazu. Der eine denkt an einen niedrigen Couchtisch, Alteiche, der andere an einen Stahlrohrküchentisch und ich an meinen trapezförmigen Arbeits-

tisch. Ein Wort – und 100 000 verschiedene Bilder (Auslegungen, Interpretationen). Jedes Wort meint in meiner privaten Welt etwas anderes als in deiner oder ihrer oder seiner. Ich spreche von Äpfeln, die gut schmecken. Mein Nachbar pflichtet mir bei. Aber ich spreche von Cox Orange und er denkt an Granny Smith, die ich gruselig finde. Die eine Seite redet von Abrüstung, wobei sie die Zustimmung der anderen Seite findet, meint aber eigentlich Modernisierung und damit Aufrüstung.
Die Worte, die ich höre, sagen nichts über die gemeinte innere Wirklichkeit dahinter aus.

Worte sind Phantome. Sind Schleier, die sich über meine Erfahrung legen und sie vernebeln. Ich halte ein Wesen in den Armen, das atmet, lebt, Zuneigung zeigt, seiner Wege geht und herumtollt. Ich kann dieses Wesen, im Gegensatz zu diesen Zeilen, wortlos genießen, mich an ihm freuen. Unmittelbar. Ich kann es betrachten, die Form seiner Augen und die kühle Feuchtigkeit seiner Nase bewundern – und nehme doch allein schon durch meine Worte das ursprüngliche Erleben wieder weg. Und dennoch: Wenn ich diese Zeilen lese, spüre ich, wie meine Aufmerksamkeit wächst, ich genauer hin-lese: Wovon spricht er? Solange der Name, das eigentliche Wort nicht fällt, baut sich eine gewisse Spannung auf, die aus einem ungewohnten Erleben resultiert.

Sage ich: „Ich halte eine Katze in meinem Arm" löst sich mit dem Wort „Katze" die Spannung schlagartig auf und ich fahre fort: „Ach so, eine Katze." – Und meine Beobachtung hört auf.

Schließlich weiß ich ja, was eine Katze ist, was sie tut, wie sie gebaut ist. Ich *brauche* ja gar nicht mehr hinzuschauen, hinzufühlen, mit allen meinen Sinnen an dieses Wesen heranzugehen. Alles, was ich wissen möchte, ist ja schon gegeben in dem einen Wort: Katze. – Arme Katze.

Ich gehe durch die Straße und sehe: ein Haus, eine Laterne, ein Auto, eine Frau mit Hund. Zu Hause versuche ich mich an das Gesehene zu erinnern. Doch alles, was ich finde, ist – Nebel. Da muß wohl ein Haus gestanden haben. Doch wie schaute es aus? Wie war es gebaut? Welche Ornamente schmückten seine Straßenseite? Wie sah die Laterne aus, wie das Auto und die Frau, geschweige denn der Hund?
Über allem liegt ein wortreicher Nebel. Mit Worten begrabe ich meine Bilderwelt. Je mehr ich rede, desto mehr verflüchtigen sich die Bilder.

Das wäre eigentlich nicht weiter schlimm, wenn das alles wäre. Doch mit den Bildern verschwindet die *Anschaulichkeit* und mit der Anschaulichkeit Verständnis und Leben. Worte ohne Bilder sind tot.

Aus einer Buchbesprechung in der „Zeit": „Das Einzugsgebiet dieser fast durchweg aus der ‚Negation der Negation' sich affimierenden Vermittlungsarbeit, die ihre polemische Dynamik aus einer konsequent durchgehaltenen Frontstellung gegenüber dem – sagen wir mal pauschal: wahrnehmungsästhetischen und erkenntnistheoretischen Unmittelbarkeitsanspruch ‚postmoderner' Kulturproduktion gewinnt, erstreckt sich, bei stetiger Rück-Sicht auf einen Avantgardebegriff, der dem nach wie vor gängigen Innovationspostulat zugunsten einer radikalen Entkanonisierung – und Neubewertung – kultureller Traditionen den Abschied gibt, gleichermaßen auf Bild- und Wortkunst, auf Musik und Philosophie, auf Theater und Architektur, auf Mode, Medien und Design."

(Zitiert nach „Spiegel" Nr. 3 vom 18.1.1988.)

„Das kann ich mir nicht vorstellen“, sagen wir im Deutschen und meinen: Da ich mir davon kein inneres Bild machen kann, kann ich es auch nicht verstehen.
Irgendwie reicht die pure Logik der Worte für ein Verständnis nicht aus. Ich brauche Konkreteres, Faßbareres.

Was eigentlich nur allzu verständlich ist. Sprache kann ich mir ohne Bilder gar nicht vor-stellen (diese Ironie), genausowenig wie eine nicht greif- und faßbare, nicht bildhafte äußere Wirklichkeit. Diese Welt voller „realer“, greifbarer Bilder ist nun einmal die Welt, in der wir leben. Wir berühren, riechen, schmecken, fühlen, sehen fortwährend diese Bilder.
Ich gestalte sie durch jede meiner Handlungen neu, und sie formt mich.
Warum sollte, wie könnte Sprache so *ganz* anders sein als die Welt, in der ich lebe?

Warum sollte, wie könnte meine innere Welt so *ganz* anders sein als die äußere?

Tatsächlich ist es manchmal äußerst schwer, beide zu unterscheiden. Unsere Irrenhäuser sind voller Menschen, die diese Unterscheidung nicht mehr schaffen.
Aber sind deswegen alle irre, die sich mit dieser inneren Welt der Träume und Phantasien beschäftigen?
Bei manchen Leuten, die ich getroffen habe, lautete die Antwort: ja.
Andererseits läßt ein Blick auf den derzeitigen Büchermarkt vermuten, daß doch einiges „im Fluß“ ist und sich ändert. Jedes Ding und alles Tun, selbst

das Atmen, hat seine Tücken. Sollte ich, weil ich mich manchmal beim Atmen verschlucke, ganz mit dem Atmen aufhören? Nicht mehr Auto fahren, weil es Unfälle geben kann? Angst macht unbeweglich.

Überhaupt: Eigentlich ist uns diese innere Welt sehr vertraut. Ich stelle mir vor, wie schön das wäre, wenn . . . und schon bin ich in ihr. Ich überlege, wo ich gestern war – und befinde mich in ihr. Ich suche sie auf, wenn ich träume, plane, in Frage stelle, Verbesserungsvorschläge mache, etwas baue, etwas beseitige, ordne, anlege, in Urlaub fahre, zur Arbeit gehe, korrespondiere . . . Immer brauche ich den Zugriff auf meine innere Welt, um in der äußeren überhaupt aktiv werden zu können. Diese inneren Bilder geben mir Richtung und Ziel, sie ermöglichen erst das Leben, das ich nun mal führe.

Dieses Hin und Her zwischen äußerer und innerer Welt verläuft meistens automatisch, daß heißt, unbewußt. Ich wechsle die Welten sehr viel schneller und öfter als meine Kleider, ohne mir dessen bewußt zu sein.
Was durch die Ähnlichkeiten der beiden Welten nur unterstützt wird.

Gehe ich nämlich bewußt, d. h., „offenen Auges“ in meine innere Welt, entdecke ich ähnliche Gegebenheiten wie in der äußeren. Auch hier fühle, schmecke, taste, rieche, sehe ich. Meine Umgebung ist dreidimensional, ich könnte sie vermessen. Da leben Lebewesen wie ich, geschieht das Leben in Bildern wie hier, in meiner äußeren Wirklichkeit.
Was also ist anders?

Die Dinge scheinen leichter und flüchtiger. Sie lassen sich nach Belieben verändern. Wo ich in der äußeren Wirklichkeit „hart“ arbeiten muß, um solche Veränderungen zu bewirken, genügt in der inneren allein die Absicht.
Hier erlebe ich mich viel eher als jemand, der seine eigene Umgebung formt. Ich bin Künstler, Bauherr, Schöpfer, ganz wie ich es möchte. Einzige Voraussetzung: es tun wollen, die Rolle des Regisseurs zu akzeptieren und ein eigenes Schauspiel in Szene zu setzen – anstatt von anderen dirigiert zu werden.

Natürlich kenne ich das schon alles. (Fragt sich nur, ob ich es auch aktiv umsetze.)

Die Gespräche verliefen in einer Atmosphäre gegenseitiger Wertschätzung.

Wenn ich weiß, was ich lernen will, weiß ich auch, wie das ausschauen könnte – auf der Bühne meiner inneren Welt?
Erwecke ich dieses Ziel so zum Leben, daß es innerlich be-greifbar und fühlbar wird, ähnlich der äußeren Wirklichkeit?
Sehe ich mich mit meinen eigenen Augen da, wo ich sein möchte; träume ich davon, so zu sein wie ich möchte?
Und fühle ich mich in dieser Person, die ich dann bin, so hinein, daß ich schließlich sagen kann „Ja, das ist es!“?

Ich möchte keine Katze im Sack kaufen.
Meine innere Welt kann mir aufzeigen, was sich hinter dem harmlosen Wort „Sprache lernen“ oder „Ausbildung machen“ verbirgt. Ist es wirklich das, was ich haben möchte, oder lebe ich mal wieder nur die Wünsche anderer aus?
Welchen Weg beschreite ich damit? Den schnelleren, einfacheren, da mir gemäßen?
Oder den langsameren, beschwerlichen, weil ich anderen zuliebe (zu-liebe? oder aus Bequemlichkeit?) von meinem ureigensten Wege abweiche, um ihr (nicht mein) Leben zu leben?

Gehe ich in die Bilder hinein und erwecke sie zum Leben, sollte bald klar sein, welchen Weg ich für mich eingeplant habe. Ich kann dessen Konsequenzen rechtzeitig erkennen und für mich klarstellen, ob ich mein Leben so gestalten möchte oder nicht.
Darüber hinaus eröffne ich mir völlig neue Möglichkeiten, an die ich vorher nicht gedacht habe; nicht denken konnte, da Worte und Bilder jeweils ihre eigene, unterschiedliche Logik besitzen.

Mit einer solchen bildlichen Antwort auf die Frage „Was will ich denn?“ setze ich mir eine Zielboje in der stürmischen See meines Lebens. Ich bestimme einen Kurs, sehr viel deutlicher als mit bloßen Worten; ich schicke mein Schiff auf eine klar definierte Reise. Ich komme gut voran.

Ich könnte es auch anders sehen: Wie mir der Vogel erst dann voll bewußt wird, wenn ich mich auf ihn konzentriere; wie er durch meine Konzentration erst zum Leben erweckt wird, wie's scheinen mag,
genauso setzt meine bildliche Antwort auf meine Frage einen Prozeß in Gang, der Schöpfung genannt werden kann.
Noch spreche ich diese Sprache ja nicht, beherrsche ich nicht die gewünschten Fähigkeiten.
Doch indem ich mir bildhaft vorstelle, wie das aussehen würde, lasse ich die Vorstellung immer klarer werden. Und wie der Vogel gewinnt mit der Zeit auch dieses Bild an Tiefe und Umfang.
Und es gleitet Stück für Stück unmerklich von der inneren hinüber in die äußere Welt.
Es ver-wirklicht sich.
Aufmerksamkeit ist eine Form von Energie. Und in dem Maße, wie ich das innere Bild mit Energie ausfülle, mit Aufmerksamkeit, in dem Maße wird es lebendig, wird so lebendig, daß es schließlich in meiner äußeren Wirklichkeit als Tatsache auftauchen muß.

Dann spreche ich und beherrsche die gewünschten Fähigkeiten.
Das ist Magie. Und ich bin der Zauberer, der seine eigenen Wünsche heraufbeschwört mit der Kraft seiner ungeteilten Aufmerksamkeit.

Lernen ist Magie. Was ich sehen will, werde ich in meiner äußeren Wirklichkeit sehen. Was ich mir erlaube zu sein, das bin ich auch. Worauf ich mich innerlich konzentriere, das erschaffe ich äußerlich.

Kann ich mir vorstellen, diese Sprache einmal flüssig sprechen zu können? Nein? Warum sollte ich mir dann die Mühe machen, sie zu lernen?
Ja? Wie lassen sich diese Vorstellungen, dieses Bild weiter vertiefen? (und das heißt: besser in die äußere Wirklichkeit übertragen?).

Die Preise für Leder konnten sich insgesamt halten auf dem Weltmarkt.

Schäume von Träumen erschaffen. Ich kann mich in eine stille Ecke setzen und meinem Traum nachhängen. Ich kann mir meine erwünschte Wirklichkeit geistig vorstellen . . . Von draußen dringt der Lärm spielender Kinder herein. Sie kreischen voller Lust und toben über den Hof. Ich sitze bedächtig (jetzt nicht mehr ganz so, weil in meiner Aufmerksamkeit gestört) und regungslos, irgendwohin schauend in meinem Wohnkubus.
Was machen diese Kinder da?

Träumen sie nicht auch ihre Träume, nur auf andere Weise? Tun sie nicht so, als ob sie Fräulein Müller oder Piloten wären? Verwandeln sie nicht allein mit ihren Augen, in ihrer Vorstellung den tristen Hinterhof in eine phantastische Welt voller Dramatik, will sagen: Leben? Sie spielen . . .

. . . nicht, wie man Onkel Doktor wird, wie es ist zu studieren, die Ausbildung zu machen; sie spielen immer nur den Endzustand, das Zielbild meiner Träume: zu können, zu sein. Der Doktor macht Visite – obwohl er in Wirklichkeit nur die kleine Ellen ist. Armin ist Busfahrer und Luzy J. R.
Ich bewundere sie, wie sie so ganz in ihrem Spiel aufgehen, während ich mich durch das kleinste Geräusch von *meiner* Träumerei abbringen lasse. Ich spiele nur zögerlich im Geiste. Immer sind da Worte, die mir zwischen meine Träume geraten. „Träum nicht; tu was. Mach die Augen auf und erledige die Dinge, die noch gemacht werden müssen. Zum Träumen hast du heute abend Zeit" (wenn ich, Ironie des Ganzen, todmüde ins Bett falle, nur um zu schlafen, tief und traumlos zu schlafen). Die Kritik in mir fährt fort: „Du verschwendest nur Zeit und Geld. Was du vorhast, geht nicht, klappt nicht. Viel zu schwierig". Die Zahl der Einwände wächst ins Unermeßliche – solange ich ihnen zuhöre. (Hieß es nicht, daß ich erst erschaffe, worauf ich mich konzentriere?) Ich argumentiere aus meiner jahrelangen

Erfahrung heraus mit den Fährnissen des Lebens. Erstens kommt es anders, . . . und was der weisen Sprüche noch mehr sind. Ellen, Luzy und Armin pfeifen auf die Erfahrung und spielen.

Spielen scheint mir eine intensivere Art des Träumens zu sein, noch umfassender, packender. Spielende Kinder jagen, toben, lärmen, fühlen, riechen, schmecken, schauen: sie leben in der äußeren Welt, der inneren Welt der Sinne (wo wäre da die Grenze?). Sie spalten sich nicht in einen Körper, der lebt, und ein Bewußtsein, das bewertet und zensiert. Sie werfen alles, was sie haben, in eine Schale – ohne die vornehme Zurückhaltung des Geistes. Sie sind im wahrsten Sinne des Wortes rück-sichts-los.
Und ich spüre ihre immense Lust an dieser einzigen Tätigkeit, an ihrem Rundsein; dieses Ungebändigtsein, dieses pralle Leben? (Ich erwache wohl nur unter dem Einfluß von Drogen dazu).

Um zu reflektieren, muß ich stille stehen oder langsamer werden. Das Leben braust jubelnd an mir vorbei. Ungespielte Träume fristen eher ein Mauerblümchendasein.

Und dennoch: wo mich ein zerredeter Traum lähmt und meine Traumlosigkeit mich bedrückt – da erfüllt ein schöner Traum meine Augen mit Leuchten und ein gespielter Traum alle Fasern meines Körpers und meinen Geist mit – unbändiger? – Energie.

Hier liegt auch das große Versprechen eines schönen Traumes: Mehr Energie zu haben, um ein intensiveres Leben zu leben. Oder: Mir größere Bewegungsfreiheit einzuräumen, eben zu lernen.

(Lange habe ich Lernen mit dem Hineinfressen von Mindestwortschatzen – nicht Schätzen –: Tabellen und Formeln vorgegebener Informationen also, verwechselt. Meine Verdrossenheit mit mir und meinem Leben habe ich allerdings damit nie in Verbindung gebracht. Liegt in meinen Träumen mein Leben?)

Natürlich ist Spielen wichtig im Kindesalter. Wir hören es von allen Seiten. Kinder, die nicht spielen können, entwickeln Verhaltensstörungen. Doch nach einer Zeit des Spielens naht der Ernst des Lebens, wo Spielen keinen Platz mehr hat. Wir müssen uns den Erfordernissen des Lebens, den nüchternen Tatsachen stellen und Träume als Schäume erkennen lernen (Ausnahme: Träume vom Urlaub, vom Auto und Eigenheim).

Was aber, wenn die Ausnahme in Wirklichkeit die Regel wäre? Wenn das Spielen mir erst gestattete, mich selber zu erkennen mit der Vielfalt meiner Wünsche und Fähigkeiten? Ist nicht „Ausprobieren“ ein anderes Wort für „Spielen“? Den Ernst des Lebens draußen lassen und unter dem Deckmantel des „Spiels“, des belanglosen „Kinderspiels“, etwas Neues ausprobieren? Ich unterscheide und grenze ab, teile und benenne neu: steht aber nicht hinter all diesen wortreichen Vorgängen das Spiel mit den Möglichkeiten – im Tagtraum wie im Spiel der Kinder?
Was bleibt mir noch vom Leben, wenn ich keine Träume mehr habe, die ich in Wirklichkeit umsetzen möchte?

Ich stehe vor der Frage, ob ich unter der Kritik meines Verstandes oder unter den Ablenkungen meiner Umwelt mein eigenes Träumen hintan stellen soll; ob es denn *wirklich* so wichtig sei. Ich weiß, daß ein Traum unter der harten Gewalt frühzeitiger Kritik stirbt. Ich kann ihn zerreden und zu Ende diskutieren. Dann ist er weg.
Ich kann ihn träumen, träumen – um mich dann mit den Ergebnissen meiner Träumereien konfrontiert zu sehen. Von da aus weitergehen. Ich kann ihn auch, wie die Kinder, unter Vorbehalt, spielen. Spielen setzt allerdings – welche Ironie – voraus, daß ich die Sache *ernst* nehme.
Spielen heißt also doch nicht veralbern. Erst wenn ich bereit bin, mich ohne Kritik auf das Spiel einzulassen, kann ich es spielen – und erfahren, was es heißt. Mein Spiel erfordert offensichtlich alle meine Konzentration. Und Konzentration, Bewußtsein schafft Leben.

Ich möchte nicht behaupten, daß Verstand unsinnig sei und nur sinnliche Erfahrung zähle. Doch glaube ich, daß auch Verstand in Maßen genossen sein will. Nicht jede Tätigkeit muß vom kritischen Verstand durchdrungen und damit verändert sein. Es gibt für mich keine Hierarchie des Geistes, bei der oben Verstand, Intellekt, eben das Wort thront und über all das Gesinde der Bilder und Gefühle herrscht. Das Wort rechtfertigt seine Existenz nicht schon dadurch, daß es unter Umständen von längerem Bestand ist als flüchtigere Bilder und Gefühle.

Vielmehr scheint es sich um Bereiche meiner Wirklichkeit zu handeln, die verschiedenartige Kombinationen eingehen können (siehe Tausendfüßler). Ein Traum will solange träumend gestärkt werden, bis er dem ändernden Einfluß kritischer Beobachtung gewachsen ist. Gefühle wollen erst einmal gelebt sein, bevor sie sich kultivierend verändern lassen (lassen sie sich?). Und die Worte schweben als verändernder Nebel über allem, wo sie ursprünglich doch nur neutral darstellen sollten.

Bäder mit nicht chloriertem Wasser sind heute selten.

Könnte man da nicht auch die Formkraft der Worte nutzen?

Zwar wird, auch bei hundertmaliger Wiederholung aus einem „Entsorgungspark“ kein Park mit Bäumen, Bänken und zwitschernden Vögeln;

aber schwirren da nicht Worte, Sätze bei mir im Kopf herum, die ich bestimmt schon hundertmal gehört habe und die immer Wirklichkeit zu werden scheinen? „In Turnschuhen kann ich nicht laufen", habe ich mir jahrelang gesagt – und die Wirklichkeit schien mir mittels Schmerzen recht zu geben – bis mich irgendwann beim Anblick der Turnschuhgeneration der blanke Neid packte und ich wieder gehen lernte. Erst schmeckte jahrzehntelang der Käse nicht („Wie kann man nur Käse essen"), dann schmeckte mit einem Mal die Wurst nicht mehr („Wie kann man nur Wurst essen"). Hinter diesen Worten stecken Ansichten und Überzeugungen. Ändern sich diese, ändern sich auch die Worte.
Ändern sich auch die Überzeugungen, wenn ich die Worte ändere?

Ich lasse mir was einreden, wenn ich Atomstrom als die billigste und sicherste Energievariante betrachte. Ich rede mir etwas ein, wenn ich mir immer wieder sage, daß trotz Tschernobyl schon alles in Ordnung gehen wird. Ich überzeuge mit Worten, ich beweise mit Worten (einen Menschen zu töten ist Mord; Hunderttausende abzuschlachten eine staatlich wie moralisch gebotene Präventiv- oder sonstige Maßnahme). Wie schaffe ich Opfer und Helden, wie Täter und Konsumenten? Wenn nicht durch Worte. Wie ist das mit der Margarine im Vergleich zur Butter? Zucker als Nahrungs- oder Genußmittel? Worauf gründet meine Wahl von Demokraten oder Sozialisten? Weshalb unterscheide ich zwischen Vollwaschmitteln, Feinwaschmitteln, Wollwaschmitteln, Reinigungscreme für zarte Böden oder Beton, Geschirrspüler, Shampoo für täglichen Bedarf oder für das schüttere Haar und kaufe sie alle? Weshalb schmeckt mir der Wein – solange ich von Glykol nichts weiß?
Streit um Worte, Streit um Einstellungen, die wir durch Worte ändern wollen.

Wie sehe ich mich und meine Fähigkeiten? Sind sie auch mitgeformt von ewig wiederholten oder überzeugend vorgetragenen Sätzen? Wie schön bin ich wirklich? Wie fähig? Was habe ich mir mit den Worten angetan, die ich ständig wiederholt habe?

Wenn Worte Änderungen herbeiführen können, warum diese Chance nicht nutzen, um noch schneller, intensiver, natürlicher zu lernen?

Bilder kann ich mit Worten beschreiben. Und wenn ich meinen Traum von einer Fremdsprache mit den Worten bezeichne: „Ich spreche gut und flüssig Englisch. Es macht mir Freude, Englisch zu sprechen“ – und wenn ich diesen Satz immer und immer wiederhole – werde ich dann nicht eines Tages so überzeugt sein von der Wirklichkeit des Satzes, daß ich meinen Mund aufmachen und mich ohne Hemmungen unterhalten kann?
Und wenn meine Konzentration erst durch ihre Energie die Dinge erschafft, auf die ich mich konzentriere, schaffe ich dann durch meine Konzentration auf solche Leitsätze das, was ich haben möchte?

Natürlich rede ich mir zunächst etwas ein. Ich spreche ja noch gar nicht fließend Englisch. Solche Sätze, mit denen ich mir etwas einrede, nenne ich Suggestionen (ein Wort voll dunkler Beschwörungen). Sie scheinen zu wirken nach dem Maß der in ihnen gelagerten Energie. Spreche ich sie aus „tiefster“ Überzeugung, sind sie voll aufgeladen und wirken, im Extrem, Wunder. Wo die Überzeugung schwächer ist, lassen sie sich auf dem Umweg über die Wiederholung und Beachtung füllen.

Die mechanische Variante: Ich bete diese Suggestion litaneiartig dreißigmal herunter, morgens und abends (vergleiche auch Herrn Coués Satz: Mir geht's mit jedem Tag in jeder Hinsicht besser und besser). Die Zeiten des Halbschlafs, wo der kritische Geist noch nicht so rege zensiert, also vor dem Einschlafen bzw. vor dem Hellwachsein haben sich dafür als die günstigsten erwiesen.

Die aufgeklärte Variante: Ich fülle meine Wohnung, meine Kleidung und Bücher mit 100 000 Zetteln, auf denen ein- und dasselbe steht: „Ich spreche gut und flüssig . . .“ Im Laufe der Tage und Wochen stoße ich so unvermittelt immer wieder auf einen derartigen Zettel, der meinen Geist wieder anregt, in der gewünschten Richtung zu denken.
(Zu denken gibt mir Dr. Callahans Beobachtung, nach der Heilungen bei Patienten, die sich nicht annehmen, nicht möglich sind. Und daß in diesem Fall ein einziger Satz: „Ich nehme mich an . . . usw.“ eine – zumindest kurzfristige – Änderung bewirken kann.
Roger J. Callahan: Leben ohne Phobie.
Vielleicht wirken Worte viel eher, nur viel subtiler und doch wirkungsvoll. Und da Sprache voller Suggestionen ist . . .).

Die Idee der Suggestionen läuft darauf hinaus, daß ich meinem – inneren wie äußeren – Sprechen mehr Aufmerksamkeit widme und es so gestalte, wie ich mein Endergebnis haben möchte. (Ich spreche fließend und schön . . .).

Einfach gesagt. Aber wie vorhin bei den Bildern hakt auch hier mein kritischer Geist protestierend ein: „Stimmt ja gar nicht. Mach dir doch nichts vor. Tatsache ist doch . . .“
Wieder reagiert mein kritischer Genius tatsächlich ziemlich unkritisch. Denn sonst hätte er bemerkt, daß ich ja nicht von einer Analyse meiner jetzigen Fähigkeit spreche, sondern von einem Ziel, das ich im Blick habe, von einem Zustand, den ich erreichen möchte.
„Ach so“, meldet er sich jetzt, „dann sag doch gleich: Ich will fließend und schön sprechen“. Gut gemeint, Kumpel.
Nur übernimmt die Energie meiner Konzentration völlig unkritisch jeden Satz, den ich ihr vorsetze und erfüllt ihn zunehmend und buchstabengetreu mit Leben.
„Ich will sprechen“ redet von einer Zukunft. Morgen werde ich es tun. Morgen, morgen, nur nicht heute – verwirklicht meine Konzentration. Ein ewiges Morgen, das kaum Chance hat, zum Hier und Jetzt zu werden.

„Oh, oh“, stimmt mein Genius zu, „dann sag aber wenigstens: Ich will nicht mehr so stockend reden“.

Es ist so eine Sache mit dem kritischen Bewußtsein. Einen guten Willen kann ich ihm nicht absprechen; bloß hat es jetzt das Kind mit dem Bade ausgeschüttet. (Wenn Atomkraftwerke letztlich nicht hundertprozentig sicher sind, dann laßt uns doch Schnelle Brüter bauen. Ganz alltäglicher Unsinn.) Zusätzlich zum ewigen Morgen schlägt es auch noch ein „nicht“ vor. Ich weiß, wie ich schneller oder langsamer reden kann, darunter kann ich mir etwas vorstellen; doch wie rede ich „nicht mehr stockend“? Ich weiß es nicht.

Meine Konzentration weiß es auch nicht, da sie kein Ziel genannt bekommt. (Eine Frau am Bahnschalter: Ich möchte *nicht* nach Rom. Der Schalterbeamte, ein Mann mit Witz, darauf: Darf ich raten, wohin Sie möchten?).

Meine Konzentration kann auch nicht raten, sie muß sich an das halten, was sie vorgesetzt bekommt: „Nicht mehr so stockend.“ Da „stocken“ das einzig klare Wort bleibt, fließt alle Energie da hinein. Ich stocke jetzt beim Sprechen. (Dürfte mich eigentlich nicht wundern. Mutter sagt zum Kind: „Faß nicht an die Heizplatte. Du verbrennst dich sonst.“ Sie lenkt damit alle Konzentration auf anfassen und sich verbrennen. Die Wirklichkeit wird ihr zwangsläufig recht geben.)

Mein kritisches Bewußtsein seufzt: „Na schön. Ich rede fließend und schön. Stimmt aber trotzdem nicht“. Ganz alltäglicher Irrsinn. Wer ändert sich schon gerne? Schön, daß es wenigstens die Blumen draußen klaglos tun.

Im Lichte; angesichts.

Der kreativste Akt im Lernen liegt meines Erachtens nicht im Sammeln mehr oder weniger unnützer Information, sondern in der anfänglichen Zielsetzung in Bildern (Zielbild) und Worten (Suggestionen). Nicht nur geben beide Maßnahmen die gemeinsame Richtung an: Sie schaffen erst das, was ich haben möchte. Wenn ich mich für Motorräder zu interessieren beginne, dann ist plötzlich die ganze Welt voller Motorräder. Ich kann mich nicht entsinnen, vorher eines gesehen zu haben.

Das Ziel, das ist die Richtschnur, an der ich die Wirklichkeit messen kann. Mit ihm wähle ich aus den Millionen mir zur Verfügung stehenden Informationen die für mich wichtigen aus. Mein Ziel ermöglicht mir erst, diese Informationen wahrzunehmen. Ohne Ziel sehe ich nichts. Ohne Ziel lerne ich, die Ziele anderer Menschen zu verwirklichen. Ich leide – bis ich mir ei-

gene Ziele setze und lerne.
Andererseits wachsen Zielvorstellung und Wirklichkeit einander zu, bis die Wirklichkeit plötzlich meiner Vorstellung entspricht. Ich kann dafür auch sagen: Die magische Kraft meiner Vorstellung erschafft die Wirklichkeit nach ihrem Bild!

Dafür benötige ich ein gewisses Maß an konsequentem Verhalten, also Geduld oder Kraft.
Wenn ich meine Ziele wechsle wie Unterhosen, bevor sie Wirklichkeit wurden – wie kann ich mich da noch wundern, wenn ich nichts erreiche?
Um Vorstellungen in Wirklichkeit umzusetzen, bedarf es wiederum Energie. Das heißt, je öfter ich meinen Vorstellungen nachgehe, je mehr ich mich auf sie konzentriere, desto mehr Energie sende ich ihnen, die sie Wirklichkeit werden läßt. Das erfordert Zeit. Und die Bereitschaft, diesem Ziel solange anzuhängen, bis es verwirklicht wurde. Also unter Umständen auch Geduld. Für Eilige kein Zutritt. Anwärter für Magengeschwüre und Schlaganfälle bleiben ebenso draußen. Das Universum läßt sich nicht drängeln.
Das erfordert Kraft. Dabei denke ich nicht an die Kraft der Muskeln oder des Ärgers, sondern die Kraft der Konzentration. Mich zu konzentrieren auf ein inneres Bild und es mit mir, in mir zu tragen, wohin auch immer ich gehe, was immer ich tue.
Diese Kraft spüre ich als die Bestimmtheit eines Menschen, die ihn manches tun und anderes lassen läßt, die ihm Standfestigkeit gibt. „Er weiß, was er will."

Diese schwer zu fassende Kraft betrachten viele Menschen in meiner Umgebung anscheinend immer noch als Geschenk eines nebulösen Himmels, über dessen offensichtliche Ungerechtigkeit sie sich noch nicht einmal beklagen können.
Für mich ist sie Ergebnis eines bestimmten Tuns, bei dem ich die Wirklichkeit meiner inneren Welt akzeptiere; auch akzeptiere, daß diese in weiten Teilen von den Welten anderer Menschen verschieden ist, und daß in dieser Einmaligkeit meine Chance liegt.

Die äußere Welt braucht auch meine Einmaligkeit, meine ganz speziellen Fähigkeiten und Kenntnisse. Diese gilt es, erst in meiner inneren Welt zu klären und dann nach außen, in die äußere Wirklichkeit umzusetzen.
Noch einmal: Unsere gemeinsame äußere Wirklichkeit braucht mich, das einzigartige Individuum (das Unteilbare; wo paßt da ein Kunstherz hinein?) – weil nur dieses Individuum zum überlebensnotwendigen Reichtum dieser Welt beitragen kann. Eine Herde gleichgeschalteter Schafe vernichtet ihre Existenzgrundlage.
Und genau das, die permanente Wechselwirkung zwischen meiner inneren und äußeren Welt, meine Versuche, die innere Welt in die äußere zu übersetzen und die Versuche der äußeren Welt, formend in mich einzudringen bzw. dieses Ineinanderweben der Welten überhaupt zuzulassen – das ist für mich lernen, superlernen.

Wenn das Wetter es zuläßt, werden die Fenster geöffnet.

Wie bin ich darauf gekommen?
In einem Gemisch ineinanderfließender Welten entwickelt sich sozusagen als Bodensatz tausendfacher Wünsche, Hoffnungen, Ziele und Erfahrungen was ich „Ich“ nenne. Durch meine Ziele erschaffe ich permanent mich, wie auch eine (?) sogenannte innere und eine (?) sogenannte äußere Welt/ Wirklichkeit.
Da ich erschaffe, im wahrsten Sinne mein Spiel spiele, obliegt es mir, nach Fragen und möglichen Antworten zu suchen. Wie ich Onkel Doktor spiele, so spiele ich mich. Das Spiel beginnt in meiner inneren Welt und verwirklicht sich mit wachsender Kunstfertigkeit in meiner äußeren.
Dieses Wechselspiel nenne ich Lernen.
Ich bestimme mein Lernen.
Also: Was/wie will ich lernen?
(Anmerkung: Ohne Lernen kein Spiel, keine Bewegung, kein Leben. Du hast keine Chance, aber nutze sie.) Wie soll das Resultat aussehen?

Wenn ich erst einmal in den richtigen Zug eingestiegen bin, mögen zwar noch Schwierigkeiten auftauchen, aber die Richtung stimmt. Die Kugel rollt. Nichts geht mehr. Die Wahl will getroffen sein. Es ist halt ein Spiel.

„Es steht nicht geschrieben: ‚Träume – und tu nichts' oder ‚Träume – und schmeiß deine Träume zum Kehricht‘. Sondern es steht geschrieben: ‚Träume. Nimm deine Träume ernst und tu so, als ob sie sich verwirklichen ließen. Spiele‘.“

Anonymus
(wahrscheinlich 1719)

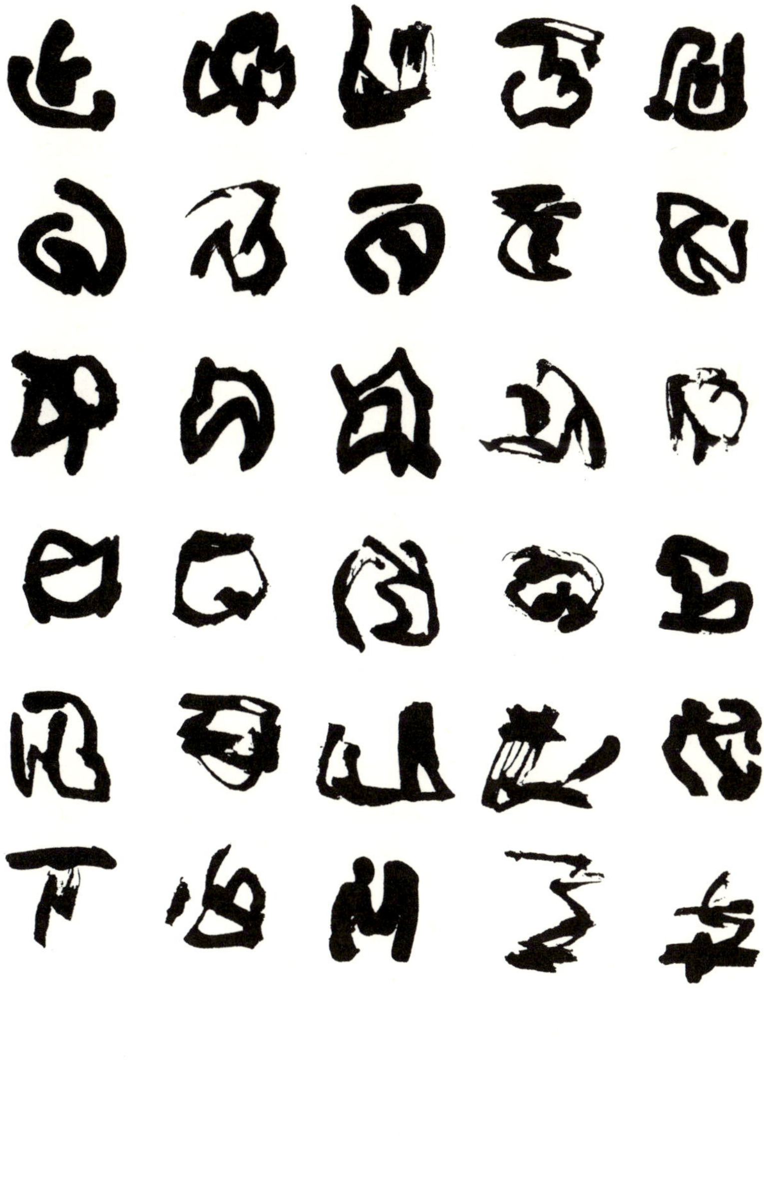

2.
WAHRNEHMEN

„Wenn wir sähen, wie wir leben, würden wir anders leben."

Gobo-bea (1273–59)

Das vollkommene Kamel

Vier Gelehrte zogen vor Jahren mit einer Karawane durch die Wüste Kawir. Am Abend saßen sie an einem großen Feuer zusammen und sprachen über ihre Erlebnisse. Voller Lob waren sie alle über die Kamele, deren Genügsamkeit sie erstaunte, deren Kraft sie bewunderten und deren bescheidene Geduld für sie fast unverständlich war. „Wir sind Meister der Feder", sprach der eine. „Laßt uns zum Lobe und Ehren des Kamels etwas über dieses Tier schreiben oder zeichnen." Mit diesen Worten nahm er eine Pergamentrolle und begab sich in ein durch Öllampen erleuchtetes Zelt.

Nach wenigen Minuten kam er heraus und zeigte sein Werk seinen drei Freunden. Er hatte ein Kamel gezeichnet, wie es sich gerade aus seiner Ruhelage erhob. Das Kamel war so gut getroffen, daß man fast denken konnte, es lebe.

Der nächste ging in das Zelt und kam bald wieder heraus. Er brachte eine kurze sachliche Darstellung über den Nutzen, den Kamele für eine Karawane brächten. Der dritte schrieb ein bezauberndes Gedicht.

Da begab sich schließlich der vierte in das Zelt und verbot den anderen, ihn zu stören. Nach einigen Stunden, das Feuer war längst herabgebrannt und die Gefährten schliefen, hörte man immer noch das Kratzen der Feder und monotonen Gesang aus dem schwach erleuchteten Zelt. Am nächsten Tag warteten die drei genauso vergeblich wie am zweiten und am dritten Tag auf ihren Gefährten. So wie die Felswand sich hinter Aladin geschlossen hatte, so verbarg das Zelt den vierten Gelehrten.

Endlich am fünften Tag lüftete sich der Zelteingang und der Fleißigste aller Fleißigen trat heraus: übernächtigt, mit tiefen, schwarz geränderten Augen und eingefallenen Wangen. Das Kinn war von Bartstoppeln umrahmt. Mit müden Schritten und einem Gesichtsausdruck, als hätte er grüne Zitronen gegessen, kam er auf die anderen zu. Überdrüssig warf er ihnen ein Bündel Pergamentrollen auf den Teppich. Auf der Außenseite der ersten Rolle stand groß und breit: „Das vollkommene Kamel, oder: Wie ein Kamel sein sollte . . ."

aus
Dr. med. Nossrat Peseschkian „Der Kaufmann und der Papagei"
Frankfurt am Main, März 1979.

weiter mit → Wahrnehmen 2

2

Wahrnehmen

Die Ziele sind gesteckt. Damit ist das Programm eingegeben, das aus der Vielfalt der mir zur Verfügung stehenden Informationen die für mich relevanten aussucht. Meine Wahrnehmung ist geschärft.

Das Programm der Zieleinstellung ist das Ergebnis intensiven Nachdenkens über meine Wünsche und Vorstellungen; ein kritisches Abwägen, ein logisches Tun.

Damit spreche ich *eine* Fähigkeit in mir an, *ein* Vorgehen, das mir schließlich mein Ziel geliefert hat. Jetzt kann ich losgehen, um dieses Ziel zu verfolgen.

Doch wo stehe ich eigentlich: wie sieht meine Umwelt gerade jetzt aus (die einfachere Frage)? Wie nehme ich sie wahr? Welche Werkzeuge stehen mir zur Verfügung? Hinter diesen Fragen steht die ganz andere, grundsätzlichere: Wie weit bin ich von meinem Ziel entfernt?

Wenn ich nach Rom will und erkenne, daß ich nur 2 km vor der Stadtgrenze stehe, werde ich anders weitermachen können, als wenn ich mich in Nowosibirsk befinde (doch vielleicht gibt es von hier eine Direktverbindung?).

Und darum geht es dann auch beim Lernen: nicht stur in sich hineinzufressen, sondern *wahr*zunehmen; nicht zu arbeiten, pauken, büffeln – sondern erst einmal *hin*zuschauen und nachzusehen, was da ist. Ohne Wenn und Aber. Was da vor mir ist, ist in meiner äußeren Welt – und es erst einmal anzuerkennen. Denn anerkennen heißt, sehen, wie es ist.

Lernen ist einfach, lustvoll und voller Schönheit – wenn ich gewähren lasse, was ist.

> **wahr**-nehmen:
> ich sehe, wie es wirklich ist;
> ge-**währ**-en lassen:
> wahr/wirklich sein lassen, ohne es ändern zu wollen.

Die **Wahr**-heit ist, was wirklich da ist, der sogenannte objektive Tatbestand, wenn ich meine Interpretationen und meine Brille abgelegt habe und den Dingen ohne Vorbehalte in die Augen schauen kann.

Mit anderen Worten: Wenn ich aufhöre zu denken.

Die folgenden 40 Kapitel befassen sich mit verschiedenen Aspekten der Wahrnehmung. Weil Wahrnehmung nicht Schritt nach Schritt setzt, sondern springt, „springen“ auch die einzelnen Kapitel. Und ich entscheide, wie ich springe. Ein Spiel: Jeder Sprung führt mich in eine andere Gegend, jedes Kapitel will mich locken. Laß ich mich drauf ein, widme ich ihm Zeit, es wahrzunehmen?

Mein Denken schafft Entschuldigungen, Rechtfertigungen, Gründe, Ansichten und Ideologien: Alles wort-gewaltige Schleier, die sich vor meine

Wahrnehmung legen, alles getönte Brillen, die mir eine andere Wirklichkeit vorgaukeln wollen.
Kein Wunder, wenn Lernen dann schwer wird! Wie soll ich lernen, wenn ich nicht klar sehe?

Wie soll ich lernen, was ich nicht klar sehe? Wie Nebel zerrinnt Undeutliches unter meinen Fingern, sickert aus dem Gedächtnis, läßt sich nicht halten. Erst der Baum, der aus dem Nebel auftaucht, diese klar umrissene Gestalt, sie kann ich fassen, riechen, fühlen – und erleben. Wie soll ich lernen, was ich nicht klar sehe?

Das also ist die Absicht: die Fähigkeit zu steigern, aus dem Uralt-Programm meiner Wahrnehmung überzuwechseln in ein neueres, wahreres, das mir heute, hier und jetzt gemäßer ist; mich, und damit auch meine Umwelt, aus den zu klein gewordenen Anzügen in mehr Raum und Weite zu befreien. Intensiver, lustvoller zu leben. Lernen durch wahrnehmen.
Murphy: Arbeit ist der Anfang aller Häßlichkeit.

weiter mit → Köpfe 3

3 Köpfe

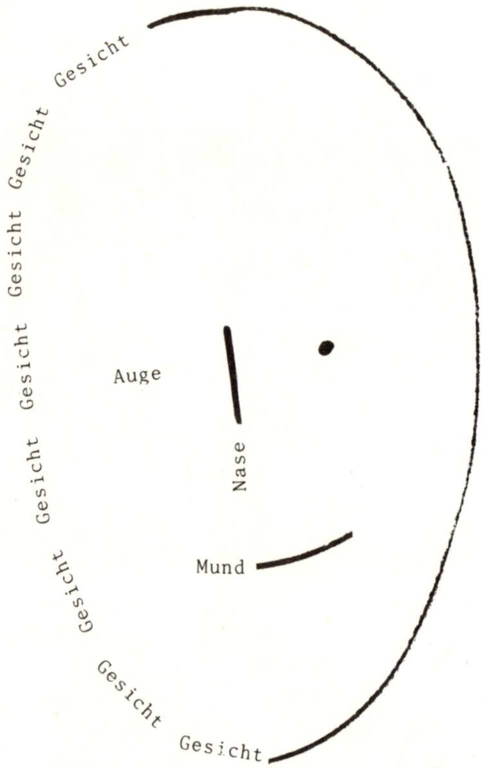
Gesicht Gesicht Gesicht Gesicht Gesicht Gesicht Gesicht Gesicht Gesicht
Auge
Nase
Mund

weiter mit → Ansichten 4

Ansichten

Alle Welt redet vom Lernen – und was das ist, weiß niemand so recht.
Niemand stellt heute lebenslanges Lernen in Frage und meint damit einen ständigen Zuwachs an Wissen und Fertigkeiten, vielleicht auch erweiterten Einstellungen. Dabei ist „Anpassung" das Wort der Stunde, denn dieses lebenslange Lernen soll mir helfen, mich ständig und immer wieder neu an die sich rasch wandelnde Umwelt anzupassen. Daß ich dabei allerdings auf verlorenem Posten stehe, ist auch klar. Wächst doch die Menge der zur Verfügung stehenden Information in atemberaubendem Maße und ist längst über das vom einzelnen faßbare Maß hinausgegangen. Soll ich wirklich dem InterCity hinterherlaufen?
Lernen geschieht nach gängiger Auffassung im Gehirn – obwohl es auch dafür keine allzu schlüssigen Beweise gibt (die Engländer beispielsweise lernen traditionell „by heart" – mit dem Herzen). Noch niemand hat in ein lebendes, voll funktionsfähiges Gehirn hineingeschaut, geschweige denn hineingefühlt und all die vielfältigen Prozesse darin adäquat nachvollzogen. Wir leben von Interpretationen und Mutmaßungen. Wahr ist nichts davon; die Wirklichkeit erscheint immer komplizierter, je mehr ich mich ihr nähere.
Dennoch will ich einen Blick hin auf diesen Kopf wagen.
Wie könnte dieser Herr von vorn aussehen?
(Welche Farbe haben Haar, Haut? Welche Form seine Augen, Nase, Mund? Gibt es Falten, Bart, Brille, Narben? Könnte ich ihn zeichnen?)
Welches *Bild* mache ich mir von ihm?

weiter mit → Das Großhirn 5
→ Pauken und Büffeln 13

5

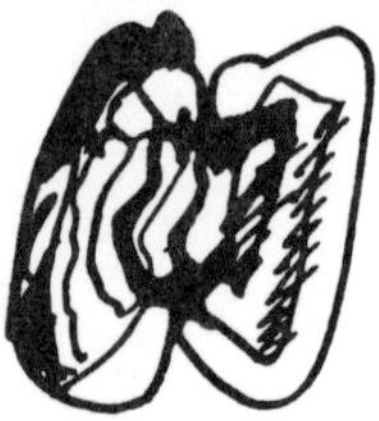

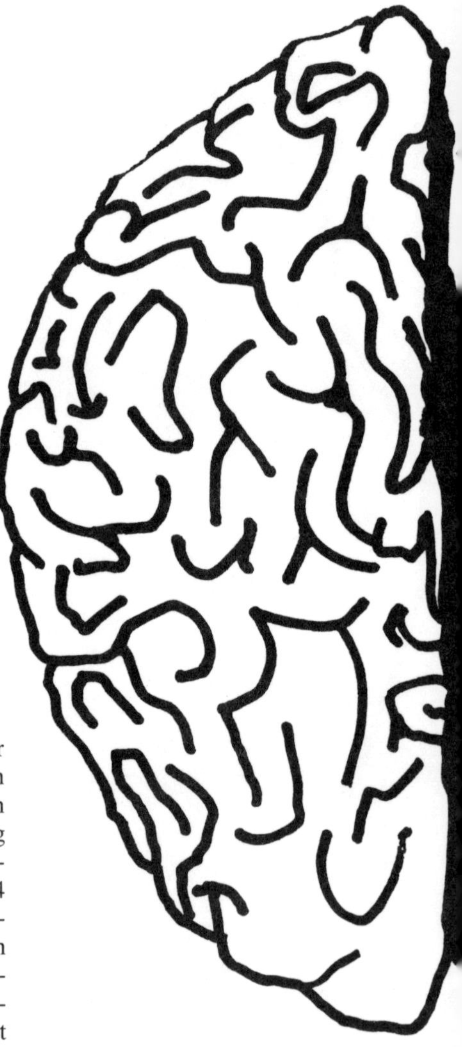

Das Großhirn

So etwa sähe das Gehirn (eigentlich nur ein Teil davon, das Großhirn) aus, wenn ich es von oben sehen könnte. Natürlich ist es nur eine schematische Darstellung und von der Wirklichkeit so weit entfernt wie die Zeichnung auf Seite 64 (das erste Gesicht) von meinem wirklichen Gesicht. Sie vermittelt aber einen Eindruck von der symmetrischen Aufteilung dieses für unser bewußtes Dasein wichtigen (Groß)Hirns. Es sieht aus wie

1.
2.
3.

Das Großhirn besteht offensichtlich aus zwei sehr ähnlichen Hälften, die in der Mitte durch einen dicken Faserstrang verbunden sind. Ich kann von einem linken Hirn sprechen und von einem rechten.

Ein in diesen (achtziger) Jahren recht populäres Modell (ein Glaube also, kein Wissen) spricht beiden Hälften unterschiedliche Fähigkeiten zu.

(Habe ich nicht schon einmal davon gehört? Wie war denn das? Was fällt mir wieder ein? Ich will's mir notieren, ehe ich weiterlese.)

Von Natur aus bin ich also schizophren, doppelt angelegt.

PS:
Wo gelange ich eigentlich hin, wenn ich der gezeichneten Linie vom Punkt A folge?

weiter mit → *Die linke Hälfte 6*
→ *Die rechte Hälfte 7*

Die linke Hälfte

Die linke Hälfte meines Großhirns r
det, beständig.
Einen unendlichen Strom von Geda
ken produziert sie, der mit einem A
fenhaus, einem Dschungel voll kre
schenden Getiers verglichen worden i
(oder mit dem Inhalt von Büchern). S
kritisiert, richtet, ver-urteilt.
Sie sagt, was mir gefällt und was nic
und warum dies alles.
Sie arbeitet mit der Zeit, verbraucht s
und hat nie welche.
Sie erschafft all die Worte für Dinge, d
tatsächlich nicht existieren (Lieb
Treue, Haß; aber auch Auto, Hau
Kindergarten und KKW). Sie kreie

Sachzwänge und Notwendigkeiten, s
fortigen Vollzug und Hochsicherheit
trakte neben Entsorgungsparks.
Sie hat, mit anderen Worten, keine A
nung von der Wirklichkeit; nur redet s
halt ständig so darüber, als ob sie s
hätte.
Sie lebt und handelt in einer Phanto
welt aus Symbolen, Zeichen für etw

anderes. (Wenn jemand zu mir käme und sagte, er hätte auf der Straße ein a^2 gefunden, würde ich ihm glauben?) Worte sind Symbole. Das Wort „Tisch“ ist noch kein greifbarer Tisch und das Wort „Superlearning“ noch kein neues Lernen.

Die linke Hälfte ist wie ein großes Druckhaus, das fortwährend Informationen zu Papier bringt, die von anderswo stammen. Nur hat sie vergessen, daß dem so ist. Statt dessen glaubt sie, selber für die Informationen zu sorgen, sie womöglich noch selber zu erschaffen.

Deshalb ist sie stolz und rechthaberisch. Vor allem dies: rechthaberisch. Sie ist blind für die Wirklichkeit. (Angeblich hat unser Rheinwasser Trinkqualität. Würden Sie Ihrem Kind Rheinwasser zu trinken geben?) Sie mißtraut und zweifelt (und baut Autos, Rasenmäher und Neutronenbomben).

Sie plant, berechnet und verwirft und weiß nicht, was das Ganze soll. Sie mordet und tötet und schickt Babys in Entwicklungsländern Magermilchkonzentrate. Sie verkauft Nahrungsmittel, Boden, Wasser, Luft und Macht.

Sie beherrscht unsere Welt und – mindestens – die *rechte* Körperhälfte.

(Linkes und rechtes Hirn haben sich die Aufgabe geteilt.) Ich kenne das Recht, ich habe recht und tue, was rechtens ist. Dies ist richtig, und jenes nicht. Hier fahre ich rechts, bin Rechtshänder, und was ein rechter Mann ist . . .

Offenbar ist rechts richtig.

Die linke Hälfte lebt in einer abstrakten, quasi naturwissenschaftlichen Welt voll endloser Zahlenkolonnen und gigantischer Datenspeicher. Eine tote Welt. Ohne Bilder. Ohne die Einheit von sehen, fühlen, schmecken, riechen, tasten, spüren . . .

Eine alte Welt, in der alles schon einmal da war, in der sich nichts ändert, nichts ändern kann, weil die permanente Veränderung des Lebens fehlt. Alt ist tot? Eine sichere Welt ohne Unwägbarkeiten, in der Hysterie, Ideologie, Wahnsinn und Glauben fröhlich und bewegungslos Feste feiern. Unter den Talaren der Muff von tausend Jahren.

Meine Welt, in der ich schreibe und lese und spreche von – irgendwie – lernen.

weiter mit → *Die rechte Hälfte 7*
→ *Worte 16*

Die rechte Hälfte

Alles was recht ist, aber die rechte Großhirnhälfte ist mit der linken Körperseite verbunden, mit allem was linkisch oder links herum oder einfach links ist. Auch das Herz steht links, ist linkisch; und lenkt?
„Was bleibt vom Leben, wenn ich Kritik, Logik, Worte, Zeit, Symbole, Naturwissenschaft, all die Errungenschaften von Technik und modernem Leben abziehe? ‚Natürlich' *nur* der Rückfall ins dumpfe, dunkle Mittelalter, in die Zeit von Hexen, Dämonen und Nachtmahren; ein Versinken in Irrationalität, Aberglauben und Wahnsinn – Chaos" – so flüstern die Stimmen von Logik und Ratio im Chor: die linke, rationale Hälfte protestiert auf ihre Weise (seltsam doch: mit Angst?).
Und die rechte Hälfte? Sie schweigt; besitzt sie doch keine sprachlichen Mittel sich auszudrücken. Die rechte Hälfte erscheint wie ein überdimensioniertes Schlüsselloch in der 100., einzig verschlossenen Tür im Palast der 99 offenen Türen. Darin liegt ihre Magie: hinzuschauen, gebannt den Blick in unbekannte *Räume* voller Farben, Formen und Bewegungen schweifen zu lassen, voller Leben und Er-leben. Gefühle, der Rhythmus des Blutes. Lauschen, ohne sagen zu können, was ich höre; fasziniert und wort-los dem erregenden Treiben zuzuschauen, hinzufühlen, hinzutasten; erfühlen, ertasten, erschauen: neue Welten tun sich auf, ich treibe im Strom sich ändernder Gefühle, alles vermischt sich zu Träumen, Phantasien, lebenden Bildern und einem Treiben zwischen 100 Ebenen der Wahrnehmung. Wer bin ich, der schreibt und liest? Wer bist du? Alles fließt.

Die linke Seite schaut dem Treiben entgeistert zu, um dann Einzelheiten herauszupicken, diesen Einzelheiten Namen zu geben (also in seine alte Welt einzuordnen), um so das scheinbare Chaos zu verhindern.
Wie wir als Kinder in die Wolken geschaut und Ritter, Katzen und Drachen erblickt haben, die sich unter unseren Augen in andere Gestalten verwandelten.

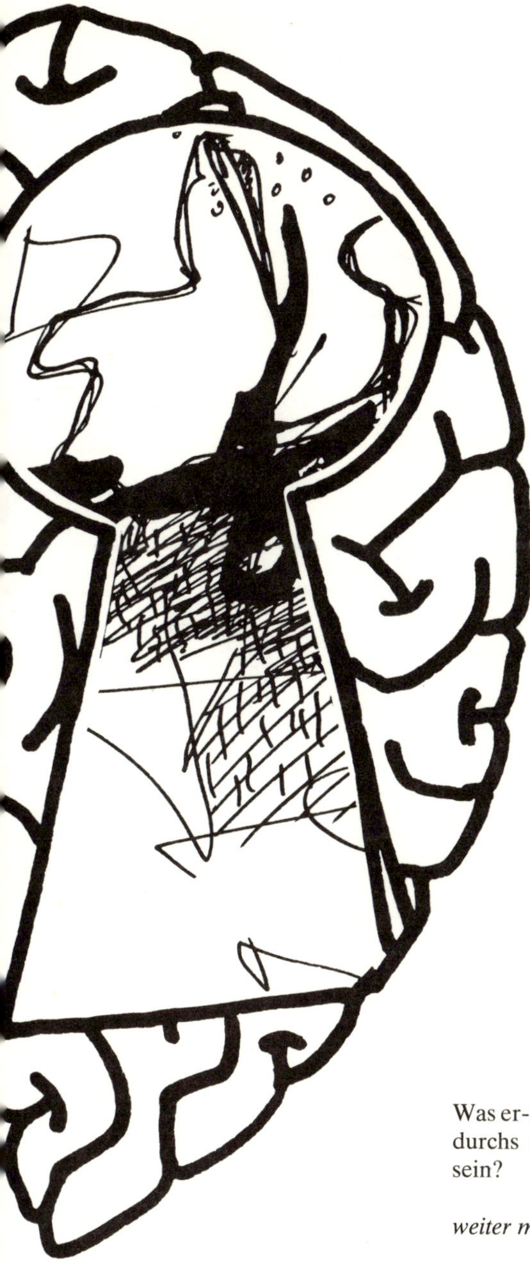

Was er-kenne ich also bei meinem Blick durchs Schlüsselloch? Was könnte es sein?

weiter mit → Die linke Hälfte 6
→ Hinter der 100. Tür 8

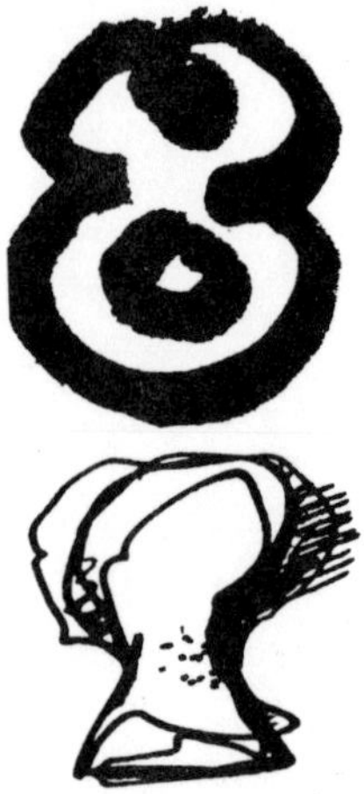

Hinter der 100. Tür

Mein Blick erfaßt nun einen größeren Ausschnitt des Schlüsselloch-Bildes. Ändert sich damit auch, was ich zu sehen geglaubt habe? Was sehe ich nunmehr?
Wenn ich mir etwas Zeit nehme (der linken Hälfte sage, daß diese Minuten zur Verfügung stehen), um länger, intensiver hinzuschauen. Welche Gefühle sind mit diesem Schauen verbunden: Wie fühle ich mich?
Was sagt dieses Gefühl? Woran erinnert es mich?
In dieser Zeichnung passiert doch etwas. Was? Wie stehe ich zu dem, was da passiert?
Und je mehr ich horchend das Bild erschaue, desto klarer tragen Gefühl/Schauen/Erinnern mir ein neues, anderes Bild zu, eines, das mich unmittelbar betrifft – und trifft, betroffen macht.
Ein solches Schauen hat nichts mit den gewöhnlichen stereotypen Antworten „Es gefällt mir/nicht" zu tun. Dieses intensive Hinschauen/Fühlen führt zu viel tiefgreifenderen Antworten, die *für mich* wichtig sind. Das Bild scheint lebendig zu werden, um mit mir direkt sprechen zu können
... um sofort wieder zu verstummen, wenn mein (linkes) Hirn dazwischengeht mit „Alles Blödsinn: Das klappt nicht, geht nicht. Ich hab's doch schon ausprobiert, und auch XY sagt immer ...". (Alles alter Käse, den ich schon zigmal gehört habe. Das Neue ist suspekt für denjenigen, der alles noch so macht wie schon vor 20 Jahren). Der Trick scheint darin zu bestehen, beim Schauen die Gedanken wegzuschicken, also quasi gedankenlos an das Bild zu gehen und aus meinem Innern kommen lassen, was kommen möchte.

weiter mit → Krakeln 9
→ Gegensätze 11

Krakeln

Auf die genannte Art „gedankenlos" durchs Schlüsselloch zu schauen, lehrt mich eine zweite Art des Schauens, neben der bekannten und gewohnten, bei

der Gedanken und Namen eine Rolle spielen (ah ja, das ist ein Baum, daneben steht ein Einfamilienhaus mit Telegraphenmast und Parabolantenne).

Die zweite Art des Schauens, des eigentlichen Hin-Schauens, läßt mich alles, was ich zu kennen glaube, in neuem Lichte sehen, neu er-leben und neu er-

kennen. Meine Wahrnehmungsfähigkeiten erweitern sich. Ich lebe/lerne intensiver.
Ein Beispiel: Kürzlich war ich wieder bei guten Bekannten zu Besuch. Sie besitzen einen schönen Garten, an dessen Rand mehrere hohe Pappeln stehen. Ich habe sie schon oft wahrgenommen und ihre Größe bewundert. Doch als ich sie dann beim letzten Besuch wieder einmal, diesmal aber „gedankenlos" anschaute, da erschrak ich. So lebendig waren sie plötzlich. Wie große, alte Wesen bewegten sie sich im Lufthauch, *waren da*, erfüllten den Raum mit ihrer Gegenwart. Und ich fühlte mich klein und furchtsam – aber auch glücklich über diese Erfahrung. Als ob sie mir ein Geschenk gemacht hätten, indem sie sich so zeigten, wie sie auch sind: lebendig.
Dieses Schauen kann ich üben:

- Ich nehme ein Blatt weißes Papier, dazu Bleistifte oder Buntstifte o. ä.
- Dann fülle ich dieses Blatt nach Belieben mit Linien, Kringeln, Krakeln, Schraffieren
- *und schaue mir dabei wort- und gedankenlos zu.*
  Gedanken, die aufsteigen wollen, schiebe ich beiseite für später. Hartnäckige Gedanken bitte ich, später wiederzukommen, da ich im Augenblick beschäftigt bin. Ich schaue nur.
- Ich krakele weiter, ziehe meine Linien.
  Ihr Geflecht wird dichter und dichter.
- Bis dann der Moment kommt, wo ich keine „Lust" mehr habe und aufhören möchte. Also höre ich auf.
- Dann nehme ich das Papier und schaue es an:
  Was sehe ich?
  Wenn ich will, kann ich die Formen, die sich dann aus dem Gewirr herausschälen, noch einmal mit einem Stift nachziehen und verstärken.
  Wieder schauen und nachziehen.
- So schälen sich nach und nach immer neue Formen aus der ursprünglich so sinnlosen Krakelei.
- Wenn ich glaube, genug gezeichnet zu haben, lege ich die Stifte beiseite und schaue mir das Blatt an, mit viel Zeit.
  Und indem ich die Gedanken beiseite schiebe, lasse ich es zu mir sprechen. Ich lasse mich von meiner eigenen Zeichnung packen. Schaue nur, schaue . . .
  Es ist erregend.

Bei diesem Krakeln wechsle ich also auf ganz bestimmte Weise die Seiten:

1. Zuerst krakele ich ohne Worte/Gedanken,
2. dann sehe ich Formen hinein, ziehe nach,

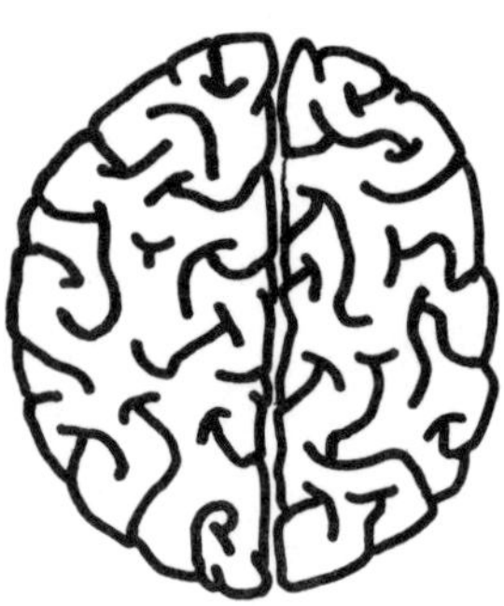

3. um wieder wortlos zu schauen, zu fühlen, mich packen zu lassen.
4. Was bedeutet diese Erfahrung für mich?

Brillenträgern empfehle ich, zumindest beim ersten Krakeln die Brille abzunehmen und ohne künstliche Sehhilfe weiterzugehen. Die daraus resultierende Unschärfe im Sehen *fördert* das andere, rechte Schauen.
Krakeln bietet mir die Möglichkeit, systematisch meine Wahrnehmung und damit meine Lernfähigkeit zu erweitern. Es offenbart mir neue Wege, Informationen zu erhalten. Es führt mich in neue Bereiche meines Selbst sowie meiner Umwelt. Lernen geschieht.

weiter mit → Umfahren 10
→ Gedanken beiseite schieben und fühlen 29

Umfahren

Wo Krakeln sozusagen mein Innerstes nach außen übersetzt, da intensiviert Umfahren „nur" das Schauen selbst.
Der Vorgang ist einfach:
Statt einen Gegenstand mit *einem* Blick wahrzunehmen, fahre ich alle seine Linien so ab, als wolle ich ihn neu zeichnen (was ich letztlich auch tue).

Ein einfaches Beispiel:
Statt zu sagen: „Ja, das ist ein Quadrat" verfolge ich seine Linien mit meinen Augen.

Ich kann dabei die Bewegung der Augäpfel spüren.
Will ich noch ein übriges tun, dann stelle ich mir vor, an meiner Nase befestigt befindet sich ein langer Stift, mit dem ich das Quadrat durch die entsprechende Kopfbewegung nachzeichne.
Ist mir der Vorgang vertraut, dann öffnet sich mir ein weites Betätigungsfeld. Jeder Gegenstand in Sichtweite, vom Kugelschreiber bis zu den Gebirgszügen am Horizont, eignet sich dazu, vorausgesetzt . . .
vorausgesetzt, ich vertröste alle anderen Gedanken auf später, schiebe sie also beiseite, um „gedankenlos" nachzufahren. Ich schaue nur dem Verlauf der Linien nach. Nur dies. Ich habe Zeit dafür, alle Zeit, die ich benötige.
Ein Umfahren mit Gedanken („in Gedanken") ohne Zeit ist so, als ob ich während eines Konzertes ungeduldig die Zeitung lese. Ich bekomme weder Konzert noch Zeitungsinhalt mit, nur meine drängende Ungeduld.
Also nehme ich mir die Zeit. Und wenn ich dann umfahrend hinschaue, kann es passieren, daß sich meine Wahrnehmung zu verändern scheint. Ganz so, als würden Schleier vor meinen Augen weggenommen. Ich sehe, was ich vorher nicht sehen konnte.

weiter mit → Nicht sehen wollen 19
→ Konzentration 40

Gegensätze

Schaue ich mir die Tätigkeiten beider Gehirnhälften an, können sie mir gegensätzlicher nicht sein.
Die linke spricht und benennt, die rechte schweigt. Die linke ist blind, die rechte sieht.
Die linke mißt und wägt und hat dabei keine Zeit, die rechte erschafft in „Augen-blicken" jenseits von Zeit.
Die linke setzt ordentlich einen Fuß vor den anderen, die rechte arbeitet gleichzeitig auf 100 verschiedenen Feldern.
Die linke verwaltet Altertümer, die rechte gebiert, läßt wachsen und vergehen, ständig neu.
Die linke hat recht, die rechte schafft.
Die linke begründet und entschuldigt, die rechte lacht und weint und flucht und tobt und liebt.
Die linke ist beständig, die rechte wankelmütig.
Die der linken nachgesagte Logik und Rationalität schreibe ich nach unseren Klischees dem Manne zu, die der rechten unterstellte phantastische und gefühlvolle Bilderwelt der Frau.
Und spätestens hier werde ich doch stutzig. Links und rechts. Mann und Frau, Ost und West, hell und dunkel: Verbirgt sich etwa hinter dem wissenschaftlichen Modell der Arbeitsweisen meiner beiden Gehirnhälften etwas anderes? Nämlich eine „moderne" Wiederaufnahme des alten Dualismus, der die Welt aufteilt in Gut und Böse, die sich ständig bekriegen müssen?
Sagte dann nicht dieses Modell, eine Seite sei besser als die andere, die (männliche) Logik nämlich der (weiblichen) Irrationalität überlegen?
Mir scheint, das Mittelalter feiert fröhliche Urständ, wo Gott mit dem Teufel, die Engel mit den Dämonen und die westliche Welt gegen das „Reich allen Bösen", gegen die Russen, kämpft.

Da stehen sich die Blöcke gegenüber und können sich vor lauter Blocksein, Blockung, Bockig-sein schon gar nicht mehr bewegen.
Zur Erläuterung habe ich die dazugehörigen Eigenschaften gleich in die Blöcke geschrieben. Doch überkamen mich beim Schreiben Zweifel, und ich wußte plötzlich nicht mehr, wem ich welche Eigenschaften zuschreiben sollte. Dabei muß doch Ordnung herrschen, und die Eigenschaften wollen gerecht verteilt sein!
Aber was kann ich dafür, wenn sich die Worte einer solchen Aufteilung zu erwehren scheinen. Sind tatsächlich alle, oder zumindest doch die Mehrzahl der Amerikaner gut und die Russen böse? Männlich oder weiblich?
Wenn die linke Hälfte des Großhirns kraft ihrer Worte mißtraut und (ver-) zweifelt – deutet diese Gefühlsregung nicht auf die rechte Seite hin? Und wo bleibt die Logik, wenn ich eine neue Autobahn baue, nur um dann auf ihr eine Geschwindigkeitsbeschränkung von 60 km/h einzuführen?
Zwar suggeriert mir jedes Buch und jede Zeitschrift bei der Lektüre dieses links-rechts, links-rechts; doch mache ich die Augen auf und schaue umher, löst sich der Gegensatz in Wohlgefallen auf. Gefängnisse des Denkens.
Ich kann aus diesem Gefängnis raus, indem ich neu hin-schaue und hin-fühle, durch Krakeln (→ 9), durch Umfahren (→ 10), auf alle Fälle aber, indem ich gesprochene wie gedachte Worte beiseite lasse.
Komme ich aus ihm heraus, wenn ich büffele? (→ 13).

weiter mit → Vorherrschaft 12

12

Vorherrschaft

In einer Zeit, wo Vernunft und Kalkül unsere natürlichen Lebensgrundlagen, wie Wasser, Erde, Luft, vergiften und diesen Vorgang statistisch zu erklären suchen, da scheint es mir recht passend, ein solches Modell wie Linkshirn/ Rechtshirn zu propagieren. Es spiegelt den Konflikt wieder, in dem ich mich befinde, wenn ich als Naturliebhaber mit einer stinkenden Blechkiste auf einer aus dem Fels gebrochenen und verschämt zugeteerten Straße in die Berge fahre, um Gemsen zu beobachten, deren Lebensgrundlage ich durch eben diese Kraxelei zerstöre. Der Konflikt zwischen natürlicher Ordnung und menschgewollter Veränderung. Die Unvereinbarkeit von Gewährenlassen und planvollem Umformen. Der ständig erneute Versuch, eine neue, künstliche Ordnung zu schaffen. Eigentlich aber nur ein Versuch, aus dem anscheinend unfaßbaren Chaos um mich herum Dinge herauszunehmen, zu benennen und dann zu tun, als wären sie das wichtigste auf der Welt. Ich möchte Si-

cherheit. Die Sicherheit, alles zu kennen (zu benennen), die Sicherheit, mich auszukennen (alle Wege zu wissen), die Sicherheit, im Dunkeln nicht in eine Fallgrube zu tappen.
Gesprochene und gedachte Worte bieten einen solchen Schutz, wie mir scheint. Hinter ihnen kann ich die Wirklichkeit, dieses komplexe Chaos, gut verbergen. Ich denke an so etwas simples wie einen Tisch. Einen ein-, zwei-, drei-, vier- oder mehrbeinigen Tisch aus Holz, Metall, Glas, Kunststoff oder eine Platte aus Keramik, die mit Seilen von der Decke hängt? Ich sage bloß „Tisch". Wen kümmert die wirkliche Vielfalt dahinter? Ich sage „Hochsicherheitstrakt" und „Verklappung". Und die Wirklichkeit, ist die damit ausgedrückt? Oft tue ich so als ob. Doch bin ich noch nie von dem Wort „Brötchen" satt geworden.
Im Modell Linkshirn/Rechtshirn sortiere ich eigentlich ziemlich willkürlich Symbole von Wirklichkeit, ordne sie einem von zwei Blöcken zu (wohin gehört der Ferne Osten?). Diese Einteilung nenne ich willkürlich, weil nichts sie legitimiert, auch nicht verschämte Anleihen an traditionelles Denken.
Vielmehr scheint durch dieses Modell der Versuch durch, zunächst einmal auf der symbolischen Ebene der Worte, dann aber auch in Wirklichkeit, was ganz ist aufzuteilen, um die Teile dann gegeneinander antreten zu lassen.
Historisch hat der Gewinner bisher Linkshirn geheißen. Nach der bisher herrschenden Ideologie triumphiert die Logik über das Irrationale, beherrscht das Männliche das Weibliche, bestimmt naturwissenschaftliches Denken unsere Politik und Welt, läßt sich mit Geld selbst Grund und Boden kaufen.

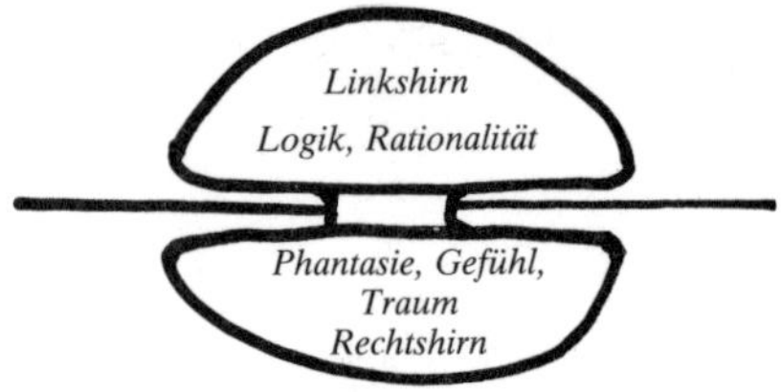

Der Trennungsstrich, der bisher zwischen Linkshirn als dem Eroberer und Rechtshirn als dem Verlierer gezogen wurde, kennzeichnet auch mein Verhältnis zur Wirklichkeit um mich herum.

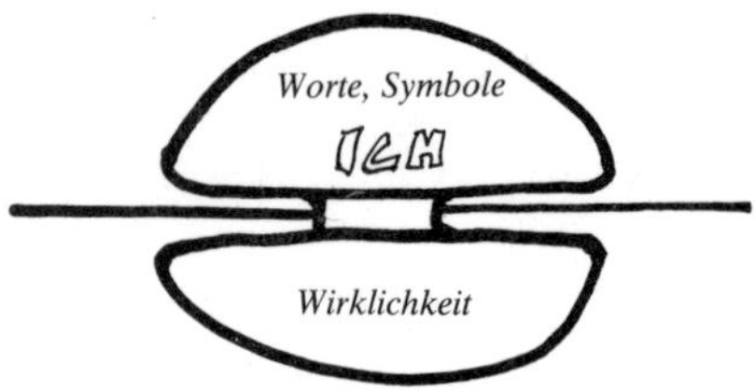

Eingesponnen in die Worte meiner Sprache, die ja Symbole sind, träume ich nur noch von einer Wirklichkeit, die dahinter liegt. Ich schaue nicht mehr hin. Ich er-träume sie mir größer, schöner, farbiger und lebendiger – ohne zu sehen, was ich tatsächlich, wirklich schon vor mir habe.
Aufs Lernen bezogen heißt das: Ich weiß vor lauter Zahlen, Wörtern und Formeln schon nicht mehr, was ich kann, was ich lernen will. Wozu? Warum?

weiter mit → Yin Yang 15

Pauken und Büffeln

Beides mag ich nicht.
Ich habe nichts dagegen, auf ein Ziel hinzuarbeiten, es intensiv zu verfolgen; doch muß es gleich Pauken und Büffeln sein?
Die Worte atmen Verbissenheit und Aggression. Ich kämpfe gegen mich, überwinde mich (angeblich) – nur auf etwas zu, was andere von mir verlangen. Ich vergewaltige mich, um anderen einen Gefallen zu tun.
Dann sind Examen und Prüfung vorbei – und mein Wissen ebenso. Da ich ja nur auf diese Prüfung hin all den unsinnigen Stoff in mich hineingefressen, ihn dann bei der Prüfung durch andere und für andere mehr schlecht als recht wieder von mir gegeben habe, bin ich danach ausgepumpt und leer. All die Arbeit und Anstrengung – und dann dies. Im Grunde genommen habe ich nur anderen bewiesen, daß ich mich ihnen unterwerfen kann. Ich habe meine Bereitschaft gezeigt, mich in ihrem Namen zu unterjochen. Der perfekte Untertan.
Pauken und Büffeln bedeuten Gewalt gegen mich selbst. Ich ordne mich dem zu lernenden Stoff auf eine Weise unter, als ob mein Leben davon abhinge (wo es nur die Anerkennung gewisser Leute ist). Ich stelle mir gar nicht mehr die Frage, was das soll, wozu ich das tue, was *ich* davon habe. Gehorsam nehme ich in mich auf, und wenn ich genug habe, stopfe ich es in mich hinein, und wenn mir übel wird von all dem fremden Kram, dann pauke ich, ich haue auf mich drauf. Es ist zum Kotzen!
Wen wundert's da, wenn ich nach Ausflüchten suche. Die einen werden krank, die anderen entwickeln allerhand Ängste, wieder andere flüchten sich in Drogennebel: und allen geht's schlecht.
Das Perverse an der Situation ist vielleicht weniger die Tatsache, daß ich mich ver-gewalt-ige, als daß ich sage: „Das muß ich für die Prüfung auf mich nehmen!“ Als ob Vergewaltigung jemals in Ordnung wäre!
Aber ich bin – scheint's – so im Netz von Worten (Prüfung, lernen, lernen) gefangen, daß ich die Wirklichkeit dahinter schon gar nicht mehr sehe.
Und die heißt doch: Ich möchte mein Leben so leben, daß ich Freude daran habe. Ich möchte lachen und lachend wachsen. Ich möchte mich entwickeln zu dem Bild, das ich in mir trage. Ich möchte mich selbst verwirklichen.
Aber mich selbst verwirklichen mit Gewalt und abhängig von den Gnaden anderer?
Nein. Wie soll ein Baum wachsen und erstarken, wenn ich seine Triebe abbreche?
Dieses Bild in mir befindet sich jenseits der Worte auf einer anderen Ebene, deren Zugang ich nicht erzwingen kann. Um dieses Bild zu verwirklichen, bedarf

es zunächst geduldigen Hinschauens, „gedankenlos", auf alle Fälle aber ohne Kritik und den Einmischungen anderer. In mir läßt sich – außer Krankheit – nichts erzwingen.

Dann kann ich mich auf den Weg zu diesem Ziel machen, offen und mit wachen Augen. Ich erhalte ja, was ich zur Verwirklichung meines Zieles brauche. Ich kann mein Tempo steigern, wenn alles in mir „Ja" dazu sagt. Mehr und mehr läßt sich so aufnehmen. Bis ich an meine derzeitigen Grenzen stoße.

weiter mit → Das Großhirn 5
→ Grenzen erweitern 14

Grenzen erweitern

Im Sommer verirrt sich schon einmal eine Fliege durch das offenstehende Fenster in mein Zimmer. Sie fliegt ein wenig umher und dann geht's wieder dem Lichte zu, ich sage: nach draußen. Doch plötzlich befindet sich zwischen drinnen und draußen diese Glasscheibe, da die Fliege nunmehr aus einer anderen Richtung kommt. Mit einem Schlag prallt sie dagegen; in den Ohren der Fliege muß es ein Getöse sein, in ihrem Leib ein erschreckender Schmerz. Sie fällt wie im Schock, erholt sich sehr schnell, fliegt weg von der Scheibe – nur um dann wieder zu drehen und zurückzufliegen. Wieder gegen die Scheibe, wieder und wieder. Zwischendrin läuft sie auf dieser unsichtbaren Trennlinie zwischen hier und da, bis sie einen erneuten Anflug versucht.

Diese simple Fensterscheibe stellt für die Fliege eine lebensbedrohende Grenze dar, die durch Schock und Schmerz gekennzeichnet ist.

Ich sage zu ihr: „Mach doch die Augen auf und sieh. Du brauchst bloß weiter über den Holzrahmen hinauszuklettern, dann bist du wieder in der Fensteröffnung und kannst hinaus." Doch die Fliege hört einfach nicht zu.

Wenn ich beim Lernen an meine Grenzen stoße, wenn mir ängstlich, übel und schmerzhaft zumute wird – wie gehe ich dann mit mir um? Gehe ich auch immer wieder mit dem Kopf durch die Wand (→ Büffeln und Pauken 13), obwohl diese sehr viel härter ist?

Ich kann über diese tumbe Fliege lachen, schließlich denke und fühle ich ja (wer beweist mir, die Fliege täte das nicht?) – doch wie gehe ich mit diesen Gaben um?

Versuche ich, mit Gewalt vorzugehen? Schaue ich erst einmal, was jenseits meiner Gedanken in Wirklichkeit da ist?

Was tue ich eigentlich in dieser Situation?

Von Hirachi wird erzählt, daß er auf dem Weg durch unwirtliches Land zu seinem Fürsten auf einen grimmigen Ritter traf, der ihm den Weg versperrte.

Hirachi war in Eile und gebot dem Manne barsch, den Weg freizumachen. Der Ritter dachte nicht daran. Es kam zum Kampf, der sich über eine lange Zeit hinzog. Schließlich siegte Hirachi. Müde zog er weiter, nur um kurz darauf Räubern in die Hände zu fallen, die ihn ausplünderten. Krank, zerschlagen und arm erreichte Hirachi dann die Burg seines Fürsten.
Der war verwundert und fragte: „Was wurde aus dem Ritter, den ich dir zu deiner Hilfe sandte?"
Grenzen sind Aufforderungen an mich, wieder neu hinzuschauen, dabei Wissen und Erfahrung der Vergangenheit außer acht zu lassen. Eben nur zu schauen. Treten dabei Wut, Zorn, Ungeduld auf, dann schaue ich nicht neu, sondern mit den Augen der Vergangenheit. Dann bleibt auch alles beim alten, Grenzen und ich.
Löst sich aber unter meinem Blick die Grenze auf, spüre ich neue Bilder und Mitteilungen, dann sehe ich der Aufforderung entsprechend. Und lerne. Neues lernen. Neu lernen. Ohne vorgefaßte Meinungen.

weiter mit → Umfahren 10

Yin Yang

Wenn ich die Welt aufteile in links und rechts, Ost und West, Mann und Frau, Linkshirn und Rechtshirn, dann können sich diese Gegensätze quasi unvereinbar gegenüberstehen (→ Gegensätze 11). Mit dem Ergebnis, daß ein Kampf des einen gegen den anderen entbrennt. Sind kräftemäßig beide Seiten gut ausbalanciert, kann dieser Kampf unendlich lange währen und unendlich viele Opfer kosten.
Dieses Blockdenken stellt jedoch nur *eine* Möglichkeit dar, mit Gegensätzen zu arbeiten. Obwohl oder weil diese Gegensätze „nur" Produkte des denkenden Geistes sind (die Wirklichkeit dahinter kennt sie nicht), sind sie formbar nach Gutdünken.
Andere Kulturen als die westliche belegen das. In der chinesischen Geistesgeschichte nähern sich beide Blöcke einander an, weil man erkennt, daß sie nur zwei Hälften eines Ganzen darstellen und ohne ihr Gegenstück nicht leben können. Wo Frauen sind, gibt es auch Männer; der Osten setzt den Westen

voraus und wie war das mit der Münze, die mir jemand verkaufen wollte und von der er behauptete, sie besitze nur eine Seite?

Doch gehören nicht nur beide Seiten zusammen, eine Seite schafft auch die andere. Das Gute erschafft das Böse, um gut sein zu können. Und umgekehrt. Die Reichen schaffen sich ihre Armen und die Armen ihre Reichen. Beide Seiten tanzen untrennbar miteinander verbunden umeinander. Im Symbol, dem Kreis mit den zwei Fischblasen Yin und Yang, trägt jede Seite den Keim für die Gegenseite in sich.

Linkshirn und Rechtshirn, Denken und Schauen zusammen bilden eine Einheit. Anders gesehen: Wenn ich das menschliche Bewußtsein betrachte, sehe ich allein durch dieses Betrachten nach und nach verschiedene Fähigkeiten (→ Krakeln 9), von denen ich dann der Einfachheit halber annehme, sie bildeten Gegensätze, die sich bekämpfen (→ Gegensätze 11) oder aber zwei sich ergänzende Wesenszüge.

Die eine Sichtweise wird nicht „besser“ als die andere sein, gründen sie doch beide im Reich der Worte.

weiter mit → Die rechte Hälfte 7

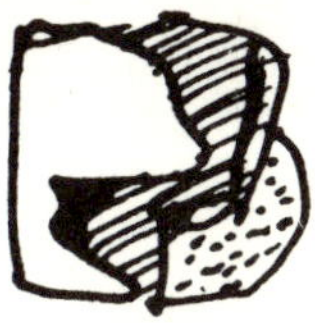

Worte

Worte sind nicht Dinge. Die Dinge, die wir benennen, sind nicht ihre Namen. Bewußt sein mit gesprochenen oder gedachten Worten ist nicht dasselbe wie bewußt sein ohne Worte.
Worte sind Hülsen, die einer Füllung bedürfen, um zum Leben zu erwachen. Ihre Füllung besteht aus Bildern und Gefühlen.

Gacha!
Gachasi chetkanta
Pantanah santo*
Te shivah!

** oder pentanah?*

Worthülsen allein wollen nicht erinnert sein. Sie entgleiten meinem Zugriff. Ich vergesse.
Worte und Bilder gestalten so etwas wie eine Skala, an deren einem Ende meine Sinneseindrücke und an deren anderem Ende die Worte stehen. Je mehr ich mich von den Sinneseindrücken zu den Worten hin begebe, desto abstrakter werden die Inhalte, d. h., desto weiter entfernen sie sich von den ursprünglichen Sinneseindrücken. Verlängere ich diese Skala über die Worte hinaus, gelange ich in den Bereich der Formeln, die eine neue Welt jenseits der Worte aufbauen.

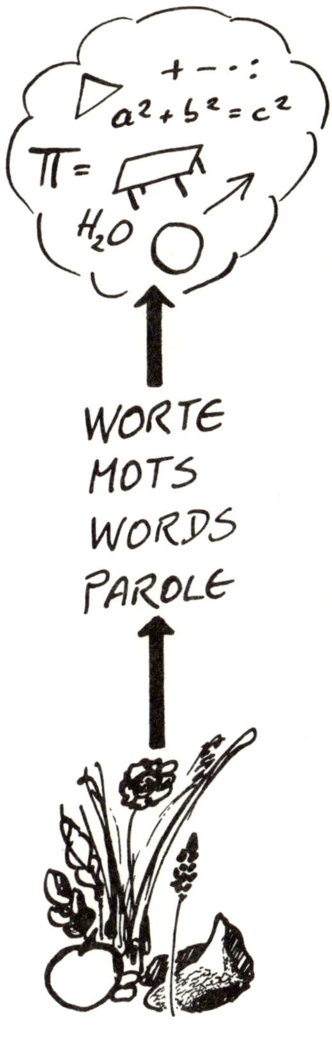

Dieses Schreiten von den Sinneseindrücken weg hin zu Worten und Formeln nenne ich abstrahieren. Und je abstrakter, je weiter entfernt etwas von meiner gesehenen Wirklichkeit ist, desto mühevoller läßt es sich erleben. Worte sind meilenweit von meiner erlebten Wirklichkeit entfernt und entsprechend unförmig.
Lernen mit Worten ist nicht Lernen durch Erleben. Was ich wahrnehme, erlebe, brauche ich nicht zu lernen. Ich lerne, indem ich meine Erlebnisse in Worte und Formeln kleide, indem ich sie abstrahiere.
Doch: Wo nichts erlebt wird, gibt's auch nichts zu lernen.
Dasselbe: Wenn ich so in der Welt meiner Worte gefangen bin, daß ich glaube, das Wort „Tisch" sei schon der gefühlte Gegenstand, wenn ich also über alles bloß rede, rede, ohne eigenes Erleben hineinzufüllen, dann lerne ich nicht. Schwätzer lernen nicht, sie verbreiten nur den gleichen Mist von vorgestern noch einmal.
Ich muß etwas sehen, hören, fühlen, schmecken, um diese Erlebnisse abstrahieren, also lernen zu können. Ich kleide das Ergebnis in ebenso abstrakte Worte.

- Worte ohne eigenes Erleben dahinter klingen irgendwie hohl.
- Genauso bleiben Worte, die für mich zu weit abstrahiert, also von meinem eigenen Erleben allzu weit entfernt sind, unverständlich. Ich kann sie nicht lernen.

weiter mit → Hülsen füllen 18
→ Symbole 17

Symbole

Symbole als Kürzel für etwas anderes begegnen mir auf Schritt und Tritt. Bei manchen ist mir ihre Bedeutung, worauf sie also hinweisen, unmittelbar klar. Andere erfordern ein wenig Nachdenken.
Es scheint mehrere Arten von Symbolen zu geben. Da sind Zeichen (wie auf Verkehrsschildern und Bedienungsanleitungen), Formeln ($a^2 + b^2 = c^2$) und Worte.
Worte meinen, be-deuten etwas.
Das Wort „Stuhl" ist selber kein „richtiger" Stuhl, es deutet eben nur darauf hin. Ich habe mich an diesen Vorgang des Redens und Etwas-anderes-Meinens schon so sehr gewöhnt, daß er mir als das Natürlichste auf der Welt erscheint. – Bis ich beginne, etwa Fremdsprachen zu lernen. Wo dann weder Worthülle noch Inhalt/Gemeintes mehr mit meiner gewohnten Sprache übereinstimmen.
Daß im Englischen „gehen" eben nicht „gehen", sondern „go" heißt, (und so

schön ähnlich klingt) mag ja noch angehen (eben die Worthülle wechseln); daß aber „go" viel mehr als gehen, nämlich auch fahren, reisen, werden, reichen, funktionieren, arbeiten, kommen und anderes mehr heißt (daß also auch noch der Inhalt sich ändert): Das ist doch wirklich ein starkes Stück! Da fühle ich mich manchmal ganz schön alleingelassen (→ Nicht sehen wollen 19).

Darf das wahr sein?

Natürlich. Es ist auch in meiner Sprache ganz selbstredend. Ich kenne das Wort Klappe – und denke dabei an einen lose hängenden Deckel, der aufgeschoben werden kann, aber immer wieder in die alte, hängende Lage zurückschwingt. Als mir zum ersten Male die offizielle Bedeutung des Wortes „verklappen" bewußt wurde, war ich allerdings schockiert. Daß da eine hochgiftige Brühe wie selbstverständlich Fischen und anderen Lebewesen zum Fraß vorgekippt wird – das fand ich ungeheuerlich. Ich hatte Orwells Neusprach entdeckt.

Diese zweite, andere Ebene der abstrahierten Sprache stellt eine Bereicherung für mein Leben dar. Sie hat meinen Wahrnehmungshorizont erweitert . . .

. . . und wieder eingeengt. Wenn Worte bloß nicht so einlullen und blind machen würden! Einen Menschen zu töten käme mir nie in den Sinn. Doch was, wenn das „Vaterland" zur „Verteidigung" vor dem „bösen Feind" zu den Waffen ruft? Wenn ich mein Haus und mich bis zu den Zähnen bewaffnen würde mit Handfeuerwaffen, Granaten, Raketen, biologischen und chemischen Waffen (wie sieht der Schrecken und das Leid dahinter aus?), dazu mit atomaren Sprengkörpern – landete ich wahrscheinlich schnell in der Klappsmühle. Und doch nennt sich diese Vorratshaltung auf nationaler Ebene „Vorwärtsverteidigung", „Abschreckung" o. ä.

Wie käme ich dazu, etwas gegen einen „Entsorgungspark" zu haben? Ich stelle mir Bänke unter schattigen Bäumen vor mit grünen Wiesen und leuchtenden Blumenbeeten. Wie könnte ich dagegen etwas haben?

Da Sprache nun einmal einer anderen Wirklichkeitsebene angehört als meine unmittelbar erlebte Wirklichkeit, stimmen beide Ebenen, sagen wir einmal „gewohnheitsmäßig", halbwegs überein. Indem ich die Sprache lerne, lerne ich auch, diese Beziehungen herzustellen. Ein Tisch ist eine Platte, um Dinge, meist Essen, draufzustellen, ein Park eine kultivierte Grünfläche, die der Erholung dient, usw: Worte, Zeichen und Formeln, Symbole eben, dienen als bequeme Kürzel für solche Bilder und Beziehungen. Je mehr ich sie benutze, desto weniger Zeit und Energie habe ich, auch noch hinter sie zu schauen, um „nachzuspüren", inwieweit meine vermutete Übereinstimmung mit einer Wirklichkeit tatsächlich zutrifft.

Gerade hier aber beginnt Lernen, wie ich es verstehe. Wieder hinter die lärmend-lähmende Schicht der Symbole in meiner Wirklichkeit zu schauen. Wieder zu schauen, zu fühlen, zu schmecken, tasten, hören. . .

weiter mit → Wirklichkeit 20

13

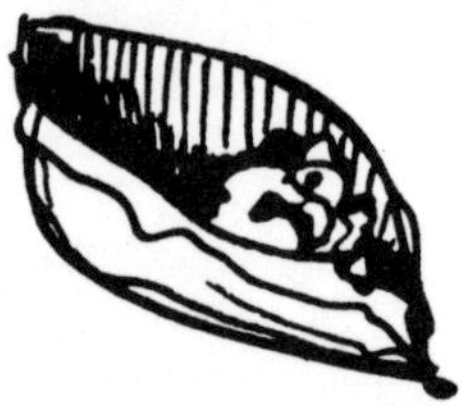

Hülsen füllen

Worte sind Klanghülsen, die ich mit Bedeutung füllen muß, um sie handhaben zu können.
Ich brauche nur ein beliebiges Wort, z. B. Schnürsenkel, in rascher Folge zwanzig- bis dreißigmal zu wiederholen, um zu spüren, wie sich die Hülle leert. Am Ende plappere ich nur noch, weiß selber gar nicht mehr, was ich mit den Lauten meine, die ich da von mir gebe. Leere Klanghülsen.
Diese Momente des Innehaltens beim Wort „Zinnober“ etwa, dieses Suchen nach Bedeutung, um sie dann mit dem Wort zu verbinden, die Klanghülse damit zu füllen, das ist Verstehen. Ich verankere das Wort in meinem Grund.
Verstehen wäre damit kein Geschenk, das mir vom Himmel zufällt, kein Lollipop, das ich einfach vernasche, auch keine Selbstverständlichkeit – eben nur mein Bemühen, möglichst viele Wort- oder andere Symbolhülsen (→ Symbole 17) mit meiner Wirklichkeit zu verbinden.

Dazu benötige ich meine wortlosen Fähigkeiten des Sehens, Hörens, Sprechens, Tastens, Fühlens: meine sieben (?) Sinne. Ich denke hierbei nicht an dieses Phantom der Intelligenz; nur daran, wie ich ganz allgemeine Fähigkeiten nutze.
Wenn ich mich frage „Was steckt hinter dieser Wort(Symbol)-Hülse, was bedeutet sie?“, dann beginne ich, in eine bestimmte Richtung zu schauen. Ich betrachte diese Stelle meiner inneren Lagerhaltung. Steht etwas hinter diesem Wort?

ja

Was also bedeutet dieses Wort?
Stimmt diese Bedeutung mit meinem Denken und Fühlen überein?
Ist mir diese Be-deutung klar?

nein

Wieso benutze ich das Wort?
Wie kann ich es so mit meinem Denken und Fühlen füllen, daß es für mich Sinn ergibt?
Ich merke ja immer wieder: Wo ich nichts hinter diesem Wort, keine mir verständliche Bedeutung also, finde, da vergesse ich. Es ist, als ob ich dieses Wort weder sehen noch begreifen kann. Es rutscht mir durch meine Hände, weil es mit meiner Wirklichkeit nicht verbunden ist.
Verstehen ist so, als ob ich Luftschiffe sammelte. Eins nach dem anderen muß ich erst einmal einfangen, dann auf meinem Grund verankern, bevor ich sie mit mir fülle und auf Reisen gehen kann. Vergesse ich, sie mit meiner Be-deutung zu füllen, dann befinde ich mich plötzlich in einer Flotte schimmernder Luftschiffe, die mir die Sicht und den Boden unter meinen Füßen wegnehmen. Ich weiß nicht mehr, wer ich bin und was ich sage. So scheint eine klare Sicht des Grundes, von dem alles

kommt, für ein Verstehen unerläßlich. Wo ich diese Verbindung nicht klar sehe, verstehe ich auch nicht (→ 2). Verstehen bedeutet also nur, durch die Klanghülle der Wörter die Beziehung zu meinem Grund zu *sehen*. Verstehen ist Schauen – auf die Wirklichkeit meines Fühlens und Erlebens. Luftschiffe an eine immer längere Leine legen?

weiter mit → *Offen sein 26*
→ *Gedanken beiseite schieben und schauen 29*

Nicht sehen wollen

Lernen ist einfach die Bereitschaft, neu hinzusehen. Nicht etwas Neues zu sehen, sondern auf andere als die althergebrachte Weise zu sehen. Ein Baum ist halt ein Baum und ich habe ihn schon tausendmal gesehen. Auch betrachtet? Natürlich. Da ist ein Holzstamm, der später gutes Holz für Möbel liefern wird, die Abfälle zerkleinert und mit Leim gemischt, Spanplatten. Er hat Blätter dieser bestimmten Form, die im Laufe des Jahres wachsen, dann verdorren, usw., usw. Worte. Solches „Wissen“ kann ich anhäufen wie die Spreu beim Dreschen, wie leere Zigarettenschachteln. Dieses Wissen hat nichts mit mir zu tun, mit meinem Fühlen und Sein. Es bleibt austauschbar, kalt und leblos.

Ich mag Bäume, ja, aber sie interessieren mich nicht besonders. Ich habe keine besondere Beziehung zu ihnen. Laß mich doch mit den blöden Bäumen in Ruhe.

Lernen setzt offensichtlich die Bereitschaft voraus, sehen zu *wollen* (wobei „sehen“ hier auch fühlen, tasten, schmecken, also im weitesten Sinne wahrnehmen heißt).

Mehr nicht. Bloß die Absicht, zu sehen. Nichts einfacher als das. Ich sehe die Formel, das Buch doch vor mir. Tue ich das?

Mit den Augen des Kopfes sehe ich sie wohl, mit den Augen des Herzens aber graut mir davor.

Was passiert eigentlich, wenn ich mich vor Spinnen fürchte und mir plötzlich eines dieser krabbelnden Ungeheuer über den Weg läuft: Schließe ich da nicht die Augen, sehe und laufe, schreie weg?

Und wenn ich mich fragte, wie sieht sie denn nun wirklich aus, dieses Monster, käme dann mehr dabei heraus als folgende Zeichnung?

Weiß ich eigentlich, wie so eine Spinne *wirklich* ausschaut, wie sie es schafft, sich mit solchen Beinen vorwärts zu bewegen, geschweige denn auf ihren selbstgefertigten Geweben zu laufen? Ich muß gestehen, ich habe keine Ahnung.

Eine Spinne ist nun einmal häßlich, furchterregend, . . .

Worte. „Spinne“ ist nur eine Ansammlung von Symbolen (→ 17).

Ich will auch gar nicht dahinterschauen, da ist zuviel Angst. Wegschauen, an den Worten kleben bleiben – um nicht lernen zu müssen.

Was das Auge des Herzens ablehnt, will es nicht schauen, kann es nicht lernen. Diese innere Ablehnung markiere ich mit vielen Worten.

Nicht sehen wollen

Ich mag das nicht.
Ich kann das nicht.
Es interessiert mich nicht.
Das ist langweilig.
Ich will's nicht.
Das ist eklig.
Es macht mir Angst.
Viel zu schwierig.
Das geht immer schief.
Was geht mich das an?
Fade.
Das ist nicht zu begreifen.
Immer dasselbe.
. . .

Das ist eine nach unten offene Liste. Mit ein bißchen Nachdenken lassen sich bestimmt noch mehr Ausflüchte finden.

weiter mit → Angst 25
→ Positiv denken? 30

20

Wirklichkeit

Ich bin aufgewachsen in einer Zeit, als Wirklichkeit noch das war, was wir alle anfassen, beriechen, beklopfen, betasten, befühlen konnten. Nach draußen habe ich mich der Wirklichkeit angenähert.
Drinnen im Kopf die Gedanken, das waren bestenfalls elektronische Gewitter, eigentlich aber nur nicht ernstzunehmende, nicht „wirkliche" Phantastereien.
Auf der weiteren Suche nach dieser äußeren Wirklichkeit, der ich mich anpassen mußte, durfte ich dann wie viele andere vor und nach mir feststellen, daß es sie nicht gibt. *Die* eine Wirklichkeit ist Phantasterei.
Heute kann ich sagen, ich fühle, rieche usw., nehme also mit meinen Sinnen wahr. Und diese Wahr-nehmungen nenne ich Wirk-lichkeit, die Ebene also, auf der ich wirken kann.
Doch ist diese Wirklichkeit zunächst einmal meine ureigenste. Kein zweiter Mensch sieht mit meinen Augen, fühlt, riecht, hört: nimmt wahr wie ich. Wie ich mein spezielles Aus-sehen habe, so auch mein besonderes Innen-Sehen, meine Wirklichkeit.
Diese Wirk-lichkeit hat sich erweitert. Ich habe wahrgenommen und gelernt. Die Welt meiner Gedanken, Gefühle und Träume gehört nun ebenso dazu wie Erinnerungen und die Beschaffenheit meiner Haare. Alles, was mich zu dem macht, was ich bin, ist meine Wirklichkeit.
Irgendwie hat diese neue Wirklichkeit die Starre der alten verloren. Sie ändert sich, manchmal schneller als mir lieb ist. Ich bin verliebt, und meine Badezimmerwaage zeigt das Gewicht eines Daunenflaums an; ich bin niedergeschlagen – und sie zerspringt unter meinem Gewicht. Heute fahre ich mit dem Wagen durch das Tal, es ist kalt und abweisend. Dann bricht die Sonne hervor, malt das Tal neu in goldenen Farben, und ich bin der Vogel, der sich durch diesen Kanal jubelnd ihr entgegenschwingt. Ich sehe den Kugelschreiber, halt ein Kugelschreiber. Ich betrachte ihn „gedankenlos": wie schön, wie elegant und erregend seine Linien.

Die äußere, starre Wirklichkeit, der ich mich anpassen sollte, habe ich verloren. Dafür meine eigene mehr gewonnen. Ich habe, besitze sie nicht, lebe nur in ihr wie der Gast in einem Hotel. Es gibt keine Norm mehr, der ich mich anpassen muß. Nur ein Abenteuer ist geblieben. Herauszufinden, wie diese Wirklichkeit beschaffen ist. Schauend und staunend den Veränderungen in mir und um mich herum (wo sind da die Grenzen?) zu folgen, diese meine Welt zu er-leben.
Das nenne ich lernen: aus der alten in eine neue Wirklichkeit hineinzuwach-

sen, wie die grauschwarze Larve, die sich als schillernde Libelle ent-puppt.

weiter mit → Wirklichkeit erschaffen 28

21

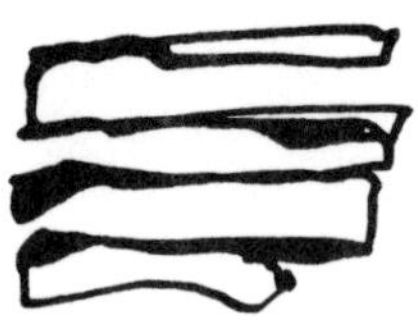

Suggestion

Der Duden sagt dazu: *Suggestion,* die:
geistig-seelische Beeinflussung durch gezieltes Erwecken bestimmter Vorstellungen, Ansichten, Gefühle o. ä.
suggerieren: gefühlsmäßig beeinflussen; etwas einreden.

Im Englischen steht *„suggestion“* für:
Anregung, Wink, Rat, Vorschlag, Suggestion, Eingebung, Andeutung.

Im Französischen für:
Hingebung, Einflüsterung, Anregung, Empfehlung, leiser Wink, Antrag, Beeinflussung, Suggestion u. v. a. m.

Sind die Franzosen und Italiener – zumindest bei diesem Wort – weniger einseitig ausgerichtet als die Deutschen?

Im Deutschen riecht Suggestion nach und reimt sich auf „Manipulation“; genauso fremdwörtlich befremdend. Wer kommt bloß auf so etwas?

Engländer und Franzosen sehen wohl weitere Verbindungen, wenn sie diesem Wort auch die Be-deutungen „Rat“ und „Vorschlag“ beigeben. Hier schwindet das Gespenst der Manipulation; der Alltag hält Einzug.

Indem er sich in seiner Be-deutung auf den äußerst fragwürdigen Aspekt konzentriert, lenkt der deutsche Gebrauch des Wortes von seiner Alltäglichkeit ab, nach dem Motto: Was ich nicht sehe, existiert nicht.

Dieser leicht hingeworfene Ausdruck „Schön siehst du heute aus!“: beeinflußt er mich und dich nicht? Leuchten da nicht die Augen? „Das steht Ihnen gut!“, „Diese Marke rauche ich gern“, „Schönes Wetter heute“. Alles, was ich sage, *lenkt* die Aufmerksamkeit des Hörers oder Lesers auf das Gesagte und damit auf einen ganz bestimmten Aspekt von Wirklichkeit, wie vielleicht nur ich sie sehe. Damit ist alles, was ich sage und denke Suggestion; ob ich unbewußt oder gezielt spreche, spielt dabei anscheinend keine Rolle. Sprache manipuliert innerlich.

Wenn ich vor dieser Einsicht zurückschrecke und verstumme, dann geht

halt der innere Monolog weiter. Das Affenhaus meiner Gedanken scheint kaum der Ruhe zu bedürfen.
Ich beeinflusse also mich und meine Umwelt ständig bzw. setze mich solcher Beeinflussung von innen und außen her aus. Mein Leben lang schwimme ich wie ein Fisch in einem Meer diverser Beeinflussungen, Manipulationen und Suggestionen.
Soll ich davor die Augen schließen? Oder vielleicht nur noch „im Scherz" reden, es angeblich nicht so meinen? Oder soll ich verstummen und mir die Ohren zuhalten?
Ich ahne schon, es hilft nichts.
Aber meine eigene Sprache, die Richtung meiner Suggestionen kann ich doch beeinflussen? Oder? Wenn ich durstig bin, was ist mir lieber: daß das Glas schon halb leer oder noch halb voll ist?

Was alles zu der einfachen Frage führt: Wenn ich schon so oder so suggeriere und manipuliere, wo ich Worte gebrauche, kann es mir dann nicht gleichgültig sein, was ich sage?
Oder von der anderen Seite her betrachtet: Warum sollte ich an diesen Suggestionen interessiert sein? Ob sie nun hierhin gehen oder in jene Richtung, suggeriert ist suggeriert. Was kümmert's mich?

weiter mit → Wirklichkeit erschaffen 28
→ Aus tiefstem Herzen 32

Fragen

Was bringt das schon?
„Die Frage stellen, heißt sie zu . . ." Die Antwort ist Information. Mehr wissen. Weiter sehen. Sehen also.
Fragen sind eine Möglichkeit, selber meine Aufmerksamkeit in eine bestimmte Richtung zu lenken. Fragen und Schauen ist eines. Was ist da?
In diesem Sinne stellen Fragen den schnellsten Zugriff auf Information dar. Selbst für den Fall, daß es für die Frage keine Antwort geben sollte, hat mich allein schon die Frage weitergebracht. Mein Horizont hat sich erweitert.
Mir scheint, dem Lernen und Wachsen geht Fragen voraus. Ohne Fragen kein Fort-schreiten. Da heißt sich zu entwikkeln: fragen. Das Leben als ein gigantisches Fragespiel. (Jeder der abertausend Krimis legt beredtes Zeugnis davon ab.)
Dem Fragenden öffnet sich die Welt. Sie beweist mit jeder Frage, daß es keine Geheimnisse gibt – wenn ich bereit

bin, die richtige Frage zu stellen. Diese Einsicht ist jahrtausendealt. „Klopft an und es wird euch aufgetan.“ Fragt und ihr erhaltet die Antwort.

Doch die Frage muß von mir kommen. Nur ich allein weiß, was ich brauche und möchte – wenn ich es denn wissen will. So bedeutet Fragen auch, sich nicht begnügen mit dem, was ich schon sehe und weiß. Ich ahne oder spüre dieses Unvollkommensein in mir, ich sehe das fehlende Ver-ständnis – und frage. Die Antworten bilden die Teile eines lebendigen Puzzles, das ich bin. Fragend und hörend spüre ich fasziniert dieses Wachsen, das damit einhergeht.

Fragend und auf die Antwort lauschend dringe ich in meine inneren und äußeren Welten ein, durchschreite sie. Langsamer oder schneller; in Bewegung.

Fragen ist suspekt. Es schickt sich nicht, Fragen zu stellen. Das Kleinkind bekommt sein Fragen abgewöhnt. Fragen sind meist dumm; wer fragt, hat keine Ahnung. Und wer stellt sich schon gerne ein Armutszeugnis aus?

Fragen sind nämlich unbequem. In einer Welt, die sich kaum merklich nur ändert, kann ich mich einrichten, kleine Fehler und Unstimmigkeiten übersehen. (Gibt es mehr Leukämiefälle in der unmittelbaren Umgebung von Kernkraftwerken?) Fragen bedrängen die Idylle. Siehe da, die Tapete des bürgerlichen Lebens ist zerschlissen, und das rohe Mauerwerk scheint durch. Ich müßte aufstehen und re-novieren, wieder neumachen. All die Fragen, die sich daraus ergeben! Also doch weiter Fluorchlorkohlenwasserstoff produzieren?

Die Welt in Frage zu stellen, mein Leben und die Gesellschaft, in der ich lebe, das schickt sich nicht. Wo kämen wir hin, wenn alle das täten? (Dies ist eine rhetorische Frage, deren Antwort schon längst feststeht. Eine Frage nur der Form nach. Niemand will das resultierende Chaos. Oder?)

In-Frage-Stellen: Das ruft all die verdrängten Ängste und Horrorvisionen wieder in mir wach, die ich längst vergessen glaubte. Wie soll ich das aushalten?

Ohne Fragen kein Lernen, wenn Lernen der Zugewinn von Neuem ist. Altes läßt sich nicht lernen. Das sind Schlafmittel. Im Neuen steckt die Energie, uns am Leben zu erhalten. (Oder warum sonst lesen wir Zeitungen und verschlingen die Nachrichten, englisch „news“: die Neuigkeiten? Wir sind süchtig auf das Neue, weil wir genau spüren – oh heiliger St. Widerspruch! – daß darin die lebensnotwendige Energie liegt.)

Ganz nett, gefangen zwischen dem Wunsch, alles beim Alten zu lassen und der Gier nach Neuem, das Änderung bringt. Fragen verschieben da eindeutig die Gewichte. Ich habe mich entschieden.

weiter mit → Liebe 24

Interesse

Draußen spielt eine Drehorgel. Ich gehe hinaus, um sie mir anzuschauen. Ich gehe hin, weil sie mich interessiert – ich stehe am Rande des Geschehens, um besser schauen zu können, nicht drinnen, nicht draußen. Sich aus der Ferne für etwas interessieren? Seltsam mutet diese Vorstellung an. Es ist die Nähe zu den Dingen, die mein Interesse kennzeichnet. Und unterstellen wir nicht dem, der sich nach vorne zum Mittelpunkt des Geschehens drängt, das größte Interesse?

Nun läßt sich nicht alles, was interessant ist, mit Händen fassen. An ein Buch können Interessierte wie Nichtinteressierte bis an Leseabstand herangehen.

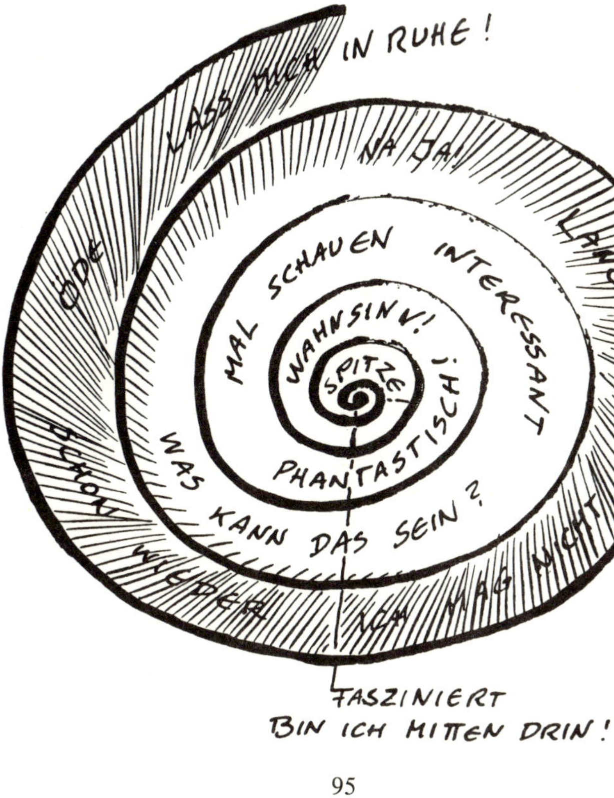

Dann liest der eine halt desinteressiert, der andere aber interessiert.
Und spielt dann da, wo der äußere Abstand keine Rolle mehr spielt, der innere nicht eine um so größere? Der eine nähert sich dem Buch mit Wider-willen, der andere mit Interesse. Läßt sich dieser innere Abstand messen? Fühlen? Wer ist dem Inhalt des Buches näher? Nähe scheint wichtig, um wahrzunehmen. Ein Gemälde aus 500 m Entfernung zu betrachten dürfte anders ausfallen, als wenn ich mich ihm bis auf ein paar Schritte nähere. Die größte Menge an Information, das ist das Neue, die Energie, die mich am Leben erhält (→ Fragen 22), befindet sich zweifellos in unmittelbarer Umgebung der Dinge (und Menschen).
Der Betrachter aus der Ferne wirkt unbeteiligt am Geschehen, der Mensch mit der plattgedrückten Nase am Schaufenster ist dabei. Äußere und/ oder innere Nähe scheint also wichtig, um an Informationen zu gelangen, wir sagen, um zu lernen.
Aber wo äußere Ferne klar er-sichtlich ist, versteckt sich die innere leicht hinter Worten und Gefühlen.
So ist „Interesse" ein seltsam zweideutiger Zustand, weder Fleisch noch Fisch, mehr Ab-sicht als Tat. Und doch Grundvoraussetzung für alles Lernen. Interessiert wende ich mich den Dingen zu, mache die Augen auf, höre. Obwohl ich gerne mein Interesse wecken lasse (Testen Sie dieses Auto!), kommt es doch letztlich auf *mein* Interesse an, das *ich* bekunden muß. Interesse als aktive Entscheidung; weniger ein Lutschbonbon, das mir auf die Zunge gelegt wird. Aus der Ferne lernen, desinteressiert?

weiter mit → Fragen 22
→ Liebe 24

Liebe

„Sie stand an der weißen Terrakotta-Brüstung der Terrasse und schaute mit aufgelöstem Haar und ihren rehbraunen Augen in die untergehende Sonne. Und so wie für einen Moment ein vorbeifahrender Marinekreuzer deren feuerroten Ball verdunkelte, aber eben doch nicht ganz am Strahlen hindern konnte, so verdüsterte die Erinnerung an die letzten Stunden für einen Moment das Glühen ihrer Augen."
Es steht zu erwarten, daß die schöne Heldin auf der letzten Seite des Romans entweder an gebrochenem Herzen stirbt oder aber selig in die Arme ihres Traumes fliegt.
Selbst der scheußlichste Kitsch erkennt die fundamentale Verwandlungskraft der Liebe an – auch wenn er sie mißbraucht für Oberflächlichkeiten. Im Grunde stimmt aber die Gleichung: Liebe ist pure Energie. Energie ändert, Liebe verwandelt. Wenn der interessierte Mensch sich dem Rande des Ge-

schehens nähert (→ Interesse 23), dann springt der Lebende mitten hinein – ins Feuer. Liebe verbrennt; Liebe überwältigt. Sie unterjocht, überrennt, verzehrt und zermalmt; stoße ich zum Kern der Dinge vor, finde ich Energie. Gehe ich in sie hinein, erlebe ich sie als Liebe, die mich in Brand setzt wie ein Scheit Holz. Liebe ist schrecklich, auch schrecklich gefährlich. Deshalb bleibe ich als vorsichtiger Mensch lieber nur interessiert am Rande stehen, ohne den letzten Schritt ins Feuer zu wagen. Wer weiß, was da passiert?
Eine vage Sehnsucht nach mehr bleibt zwar; doch um sie zu be-fried-igen kann ich ja Liebesromane lesen. Etwas fade, oder?

Dabei verwandelt Liebe die Welt. Sie wirft Licht in die Trostlosigkeit des Alltags, sie bringt Leben, eben Energie.
Leben ohne Liebe: hieße das nicht, ein Lager von leeren Pappkartons verwalten für alle Ewigkeit?
Das Leuchten in den Augen, das lachende Gesicht, die Leichtigkeit in mir – und die rosarote Brille. Wer möchte das vermissen? Ich jedenfalls nicht. Und wenn ich Liebe, diese Energie in Bewegung setze, bricht dann nicht in zunehmendem Maße um mich herum ähnliche Energie/Liebe auf, fließt zu mir zurück und verstärkt den einmal begonnenen Kreislauf? Lieben schafft Kraft. Die großen Taten unserer Geschichte, sind sie nicht Taten einer wie auch immer verstandenen Liebe?
Ich kann desinteressiert aus der Ferne lernen; ich kann es interessiert in größerer Nähe tun: Warum aber sollte ich mich nicht voll Liebe ins Leben stürzen? Nur so gelange ich ins energetische Herz aller Information. Liebevoll erschließt sie sich mir ganz und gar. Plötzlich verstehe ich, weiß – ich lerne. Lernen nicht die liebenden Menschen am schnellsten, tiefsten und umfassendsten?

weiter mit dem III. Teil: Tun, S. 128

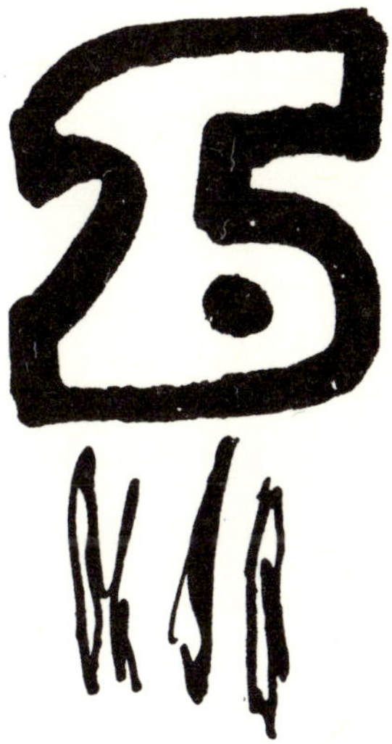

Angst

Wer reitet so spät durch Nacht und Wind?
Es ist die Frage, die ihre Antwort zwar nicht kennt, aber glaubt, sie werde zu ihren Ungunsten ausfallen müssen: die Angst. Dieses gebannte Starren auf eine von 100 000 Möglichkeiten, nämlich diejenige, die mir garantiert Schmerzen bereiten wird. Ängstlich starre ich in diesen Trichter, der sich ver-engend nur auf den Ausgang zuführt, der Schmerz heißt. Indem ich schaue, setze ich mich in Richtung Trichtermund in Bewegung, gleichzeitig schließe ich die Augen und wehre mich gegen den einsetzenden Sog. Ich will nicht in Schmerzen ausgestoßen werden in eine fragwürdige Zukunft. Zukunft? Ein blankes

Nichts, Ver-nichtung ist es, das mich da unten erwartet. Also heißt es Augen schließen und durch die halb geschlossenen Lider weiterhin das Schlimmste erwartend dem Ausgang zublinzeln. Vorfreude, ein amüsantes Spiel.

Eigentlich weiß ich ja, daß ich mir etwas vormache. Ich könnte meinen Blick ja auf eine der anderen 99 999 Möglichkeiten wenden, zumindest aber mir den vermeintlichen Trichter einmal genau anschauen. Ist es tatsächlich ein Trichter mit nur einem Mund?

Aber darum geht es in meiner Angst offensichtlich nicht. Ich liefere mich ihr ja aus, tue so, als ob ich hilflos sei und es nur diese *eine* Möglichkeit gäbe. Ich brauche wohl die Angst.

Jagt sie nicht Schauer über Schauer von Energien durch meinen Körper, so daß ich ihn wieder neu spüre? Zerrt sie mich nicht energisch in genau die Richtung, die ich so angstvoll vermeiden will?

Ich brauche wohl die Angst, um mir zu zeigen, daß ich auf diesem Gebiet doch nicht ganz tot bin. Ich lebe noch. Die Angst zeigt's mir. Wie köstlich, einen Gruselfilm anzuschauen, nur um nachher aufseufzend das Kino wieder zu verlassen. „Hurra, ich lebe noch"?

Meine Angst packt mich an meiner Unbeweglichkeit. Sie macht mir Beine. Das Leben steht nicht, sondern geht weiter.

Wo ich mir selber freiwillig keine Ziele setze, ich richtungslos verharre, da treibt mich die Angst voran, irgendwohin, Hauptsache, ich wache aus meinem Dämmern auf.

Ein bißchen Angst hilft lernen, weil sie mich zu den notwendigen Schritten treibt. Weigere ich mich, steigt der Druck der Angst, weigere ich mich weiterhin stand-haft, zerstört sie mich.

Dabei ist Angst eh schon ein Hilfsmotor, der nur in Kraft tritt, wenn die anderen Motoren des freiwilligen Tuns schon ausgefallen sind, eine Ver-sicherung gegen Stillstand.

Denn wie bei der Spinne, die ich betrachte, schwindet die junge Angst beim genaueren „gedankenlosen" Hinsehen: wenn ich also die Dinge an-gehe.

Auf denn! Wohin will ich reiten durch Nacht und Wind? Welche der 100 000 Möglichkeiten wähle ich?

weiter mit → Bewegen 37
→ Offen sein 26

Offen sein

Lernen kann nur einfach sein – wie sonst vermöchten's all die Kinder dieser Welt ohne und trotz formaler Schulerziehung? Denn sie lernen ja nicht Lernen in der Schule – nur ihr Lernen anzuwenden.

Und doch flüstert mir die Erfahrung all meiner Jahre zu, wie ungeheuer schwer Lernen sei. Bedenke all die Arbeit und Mühe der vergangenen Jahre! Und dennoch: Wenn Lernen so schwer wäre, wieso schaffen es dann die angeblich ach so dummen Tiere?

Sie machen's vor, sie machen's nach. Lernen durch Nachahmen und durch Ausprobieren.

Für beides gilt dieselbe Voraussetzung, ich muß nur hinschauen. Das ist nun wirklich einfach.

Dann brauche ich nur noch zu berücksichtigen, daß all die Erfahrungen, die ich gemacht, daß all das, was ich je gelernt habe, sich wie ein schützender Panzer um mich gelegt hat, mich vor weiterer Unbill zu bewahren. Die Sprache tut ihr übriges, sich schützend zwischen mich und die Welt zu legen. (→ Symbole 17). Ich gleiche dem Ritter in voller Rüstung, mit zugeklapptem Visier. Und des Helmes Federbusch tanzt vor den schmalen Sehschlitzen.

Jetzt erst, wo ich dank all meiner Erfahrung so ganz gegen die Anfeindungen meiner Umwelt und auch gegen die Schrecken und Schönheiten des Neuen gewappnet bin, jetzt erst wird Lernen schwer.

Wie soll ich mich bewegen in der schweren Rüstung, die zwar Unbill von mir ab-hält, aber gleichermaßen eine Sicht nach draußen verwehrt? Ich bin gefangen. Das ist der Grund der Angst.

Doch läßt sich aus diesem Traum aufwachen. Diese Hülle bin ich ja nicht. Also kann ich zumindest mein Visier hochklappen und den Federbusch zur Seite rücken; ich könnte auch den Helm ganz ablegen. Und wo ich dabei bin, vielleicht auch noch das eine oder andere Rüstungsteil. So läßt es sich leichter schnaufen.

Jetzt, wo ich offen bin, kann ich wieder auf die Dinge zugehen oder sie auf mich zukommen lassen.

Wenn ich Worte und Uralterfahrungen für den Moment beiseite lasse, dann kann ich offen und unvoreingenommen das Neue wahrnehmen.

Nur wo ich Neues wahrnehme, lerne ich (→ Fragen 22). Altbekanntes kann ich nicht lernen.

Vom Neuen weiß ich nicht, wie es ausschaut. Wie also sollen mir dabei die alten Worte und Erfahrungen helfen?

Ich brauche Möglichkeiten, sie zumindest kurzfristig beiseite zu schieben:

– Ich könnte mein Verhalten und meine Gedanken Neuem gegenüber intensiver beobachten, um herauszu-

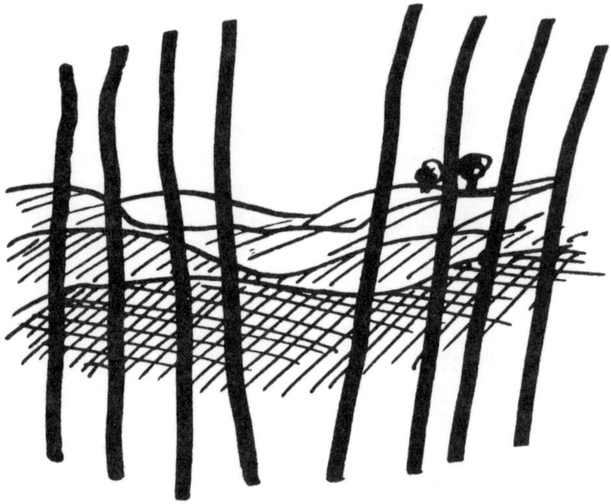

finden, bei welchen Gelegenheiten ich zu-mache; um *danach* dieses Verhalten in Frage zu stellen (→ Fragen 22).

- Ich könnte mir immer wieder sagen (→ Suggestion 21): „Ich bin offen für alles Neue. Ich schaue es mir in Ruhe an. Später werde ich mir ein Urteil bilden."
- Ich könnte das unvoreingenommene, d. h., „gedankenlose" Schauen üben (→ Umfahren 10).
- Ich könnte mich ganz bewußt in Neues wagen, des Experimentes wegen: in neue Kleider, neue Umgebung, Arbeit, Filme, Bücher, Freunde usw.
- Ich könnte mir selber nahekommen durch Selbsterfahrungsgruppen, Kurse, Lektüre und deren Umsetzung.

Ich muß die Möglichkeit akzeptieren, daß ich die alten Barrieren fürs erste vergessen kann.

weiter mit → Pert's Geschichte 27
→ Umfahren 10

Perts Geschichte

Perts Geschichte ist einfach.
Er stammte aus gutem Hause. Der Vater war im Krieg gefallen. Seine Mutter, Down, hatte diesen Verlust nie überwunden. Trauernd zog sie sich von der

alles verschlingenden Welt in einen großzügig eingerichteten Bunker zurück. Baby Pert nahm sie mit. Fortan lebten sie, sich selber genug, ohne jeden Kontakt zur Außenwelt in der künstlich beleuchteten Welt ihres Bunkers.

Aber irgendwann streikte die Umwälzungsanlage. Einen Mechaniker mußte Perts Mutter rufen – und mit seiner Ankunft zerbrach die Idylle. Pert, der bisher noch keinen anderen Menschen als seine Mutter zu Gesicht bekommen hatte, trank gierig diese Wolke aus duftender Luft, die der Mechaniker um sich trug. Er bewunderte seine Arbeitskleidung. Sein Herz sehnte sich nach der ganz anderen Welt dieses Mannes.

Es kam, wie es kommen mußte: Er floh aus dem Bunker nach draußen. Wie im Rausch trank er die Weite und Helle des Landes, sog in sich die tausendfach neuen Formen und Farben des Lebens, tanzte über das Land.

Und je mehr er sah, desto mehr erträumte er. War das Tal weit geschwungen, reichte das schon bald nicht mehr; noch schwereloser geschwungen sollte es sein. Was er sah und hörte, fühlte und roch, beflügelte immer mehr seine Phantasie. Er lechzte unaufhörlich nach mehr.

Als alles gesehen und gefühlt und gehört und geschmeckt und gerochen schien, da stand dieser Traum schließlich ganz klar vor ihm: Ein Gebäude zu finden und Räume darin zu erblicken, die alles bisher Gesehene an Glanz und Schönheit weit übertreffen sollten. Da, und nur da, würde er glücklich sein.

Mit diesem Traum vor Augen gelangte er eines Tages in ein prächtiges Haus. Und er erkannte voller Schrecken, daß es das Haus seiner Träume war. Schöne, anmutige Menschen wohnten darin, geschart um einen älteren Herrn, der an irgendeiner Krankheit litt. Obwohl weder schön noch jung, war er doch freundlich zu seinem Gast. Er bewirtete ihn großzügig. Und jede seiner Gesten, die ihm die Herrlichkeit dieses Palastes erläuterten, schien zu sagen: Sieh, dies ist dein Traum.

Pert genoß den Abend, hingerissen von der allumfassenden Schönheit seiner Umgebung. Nur dieser häßliche Alte, ein Krüppel fast, er schien Schmerzen zu erleiden. Na ja.

Am anderen Morgen war der Traum geplatzt. Das Haus hatte sich in Luft aufgelöst. Pert lag fröstelnd im Straßengraben.

Deprimiert rappelte er sich auf, trottete hungrig die Straße entlang. Wo war das Haus geblieben? Hatte er nur geträumt?

Er mußte wohl laut gesprochen haben. Neben sich sah er einen Tippelbruder gehen mit vom Alkohol durchlöcherter, rot angelaufener Nase und einem gelegentlichen Blitzen in den Augen.

„Geträumt hast du nicht", sagte er. „Ich kenne das Haus und seinen Besitzer, bin selber manchmal da. Der Alte dort wartet nun schon seit Jahren auf dich. Er hatte gehofft, du würdest ihn fragen, nach seiner Krankheit und seinem Haus. Dann hätte er es dir geben können. Tja. Warum hast du nicht gefragt, Pert?"

weiter mit → Fragen 22

Wirklichkeit erschaffen

Worte lenken Aufmerksamkeit mehr oder weniger in eine bestimmte Richtung und verleihen ihr dabei eine bestimmte Form. Wie ich aus Sand mit Hilfe von kleinen Formen „Kuchen“ backe, so bestimmen Worte und Gedanken, was Wirklichkeit wird. Wenn also zwei Wissenschaftler *ein* bestimmtes Experiment durchführen, so erwarten wir Laien auch *ein* Ergebnis. Tatsächlich erhalten wir zwei. (Wann wollen zwei, die das gleiche wollen, dasselbe?) Da jeder Mensch seine ganz speziellen Formen, sprich Worte, benutzt, erhält ein jeder etwas anderes.

Doch ist dies noch zu wenig. Jedes Wort, das ich denke, spreche oder lese, existiert im Augenblick durch das Bewußtsein, welches es formt; jedes Wort ist Träger seiner Energie (mag diese auch mehr oder weniger bewußt sein). Diese Energie fließt dahin, wohin das Wort sie richtet; sie füllt das mit dem Wort Gemeinte mit Energie.

Und wie Eis, Wasser und Dampf chemisch dasselbe sind, nur mit unterschiedlichen Mengen an Energie versehen, genauso gibt es auch Aggregatzustände des Wortes.

1. Erst ist es ein flüchtiges Wort, das kaum bemerkt verhallt.
2. Wird es immer wieder wiederholt oder mit mehr Eindruck gesprochen; ist es der Auslöser in einer dramatischen, d. h., energiegeladenen Situation, oder beten Tausende es nach, dann nimmt dieses Wort an Bedeutung zu, wächst und wird stärker. In meinem Bewußtsein nimmt es immer mehr Raum ein.
3. Daraus ergibt sich ein Bild, das diesen Gedanken ver-körpert. Und wiederum: je mehr Energie (und das heißt Aufmerksamkeit) ich darauf verwende, um so klarer und präziser wird das Bild, wir sagen: lebendiger.
4. Und dann erscheint es plötzlich vor mir in meinem Alltag, wo ich das Ergebnis meiner Gedanken sehen, spüren, wahrnehmen kann. Dann sage ich: mein Auto, mein Garten, ich selbst.

Alles, was existiert, wurde zuerst „im Geiste“ erschaffen.

Das bezieht sich auf die Dinge, die ich als Mensch her-stelle, aber auch auf die Pflanzen und Tiere meiner Umgebung. (Fragen Sie mal die Leute, deren Pflanzen prächtig gedeihen, was in ihren Gedanken vorgeht.)

Es bezieht sich ebenso auf mich wie auf andere Menschen (Kinder in Heimen, um die sich niemand „Gedanken macht“ verkümmern bekanntlich). Es dürfte genauso für die Welt als Ganzes gelten. Ich bin das Ergebnis meiner Worte.

Ich forme mich selbst und meine Umwelt durch diese ständigen Suggestio-

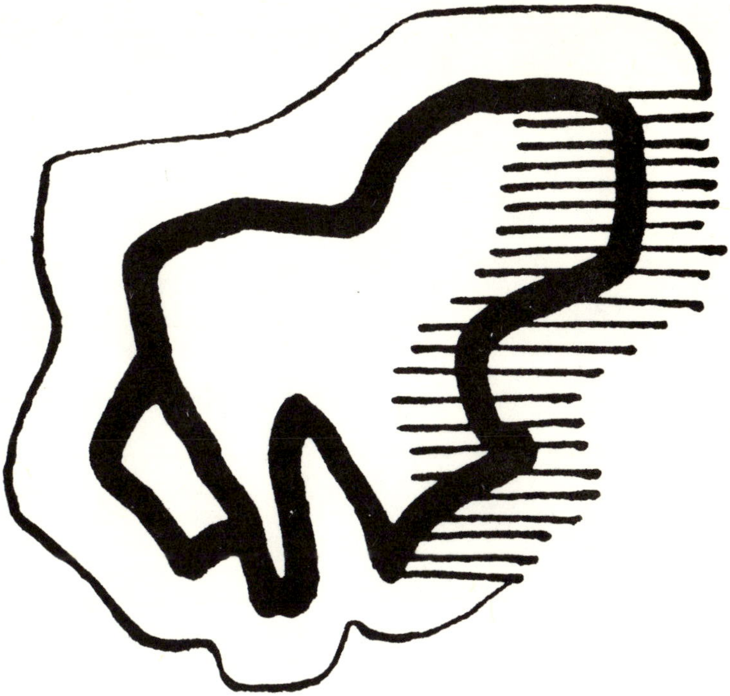

nen (→ 21). Sie formt mich. Damit erhalten wir uns, ob wir wollen oder nicht, gegenseitig am Leben. Ich lerne so gut, wie ich es zulasse. Die USA stärken die UdSSR mit jedem sachlichen, lobenden oder verachtenden Gedanken und umgekehrt. Ich baue so meine Feinde, wie sie mich.
Der Energie ist es egal, durch welche Kanäle sie fließt.
Positiv denken?

weiter mit → *Die einzige Möglichkeit 34*
→ *Liebe 24*

weiter mit → *Wirklichkeit 20*
→ *Wirklichkeit erschaffen 28*

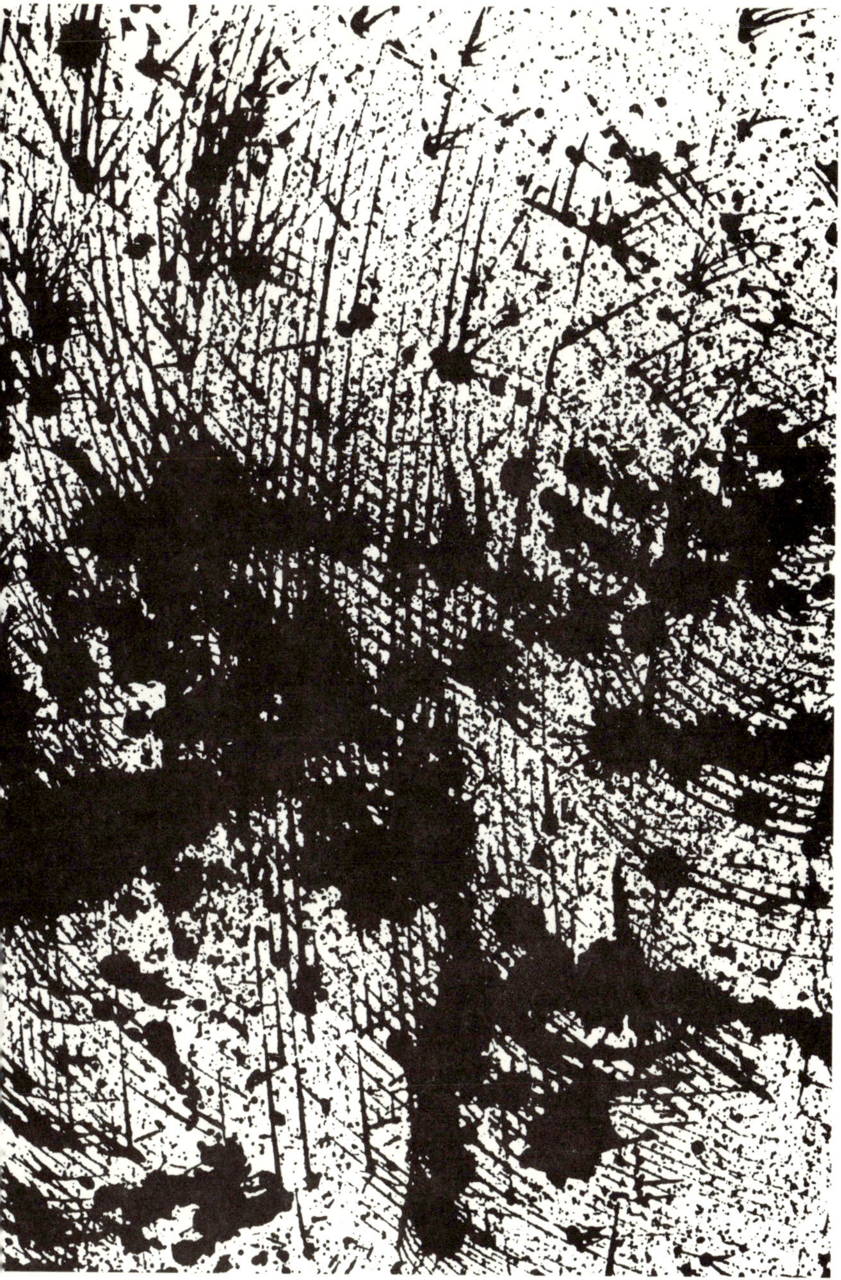

Positiv denken?

Wenn all das, dem ich viel Aufmerksamkeit schenke, Wirklichkeit wird (→ Wirklichkeit erschaffen 28), dann bin ich ja eigentlich ganz schön leichtsinnig. Wie oft ertappe ich mich bei Gedanken („Das geht bestimmt schief, das klappt nicht“ usw.) – um mich dann zu wundern, wenn ihnen die Wirklichkeit entspricht. Ich zeige mir doch, daß sich die Ergebnisse nach meinen Gedanken richten!

Und tief im Innern will ich doch gar nicht, daß diese oder jene Sache schief läuft. Das ist mir doch nur so rausgerutscht!

Der Energie, die dahinter steht, ist es egal, welches Ergebnis sie zeitigen soll, sie folgt der Form der Worte.

Wenn ich also dieses Schiefgehen und Nichtfunktionieren, auch dieses Nicht-Behalten nicht will – warum ändere ich dann nicht einfach meine Gedanken?

Ich baue ein Kartenhaus, bin gerade auf der 3. Etage. Die Konstruktion wackelt. Ich habe die Wahl:

- „Das geht garantiert schief“ → bei der nächsten Karte stürzt mein Haus zusammen.
- „Das Haus ist schön. Hier kommt die nächste Karte, die es stabiler macht.“ → Was passiert mit meinem Haus?

Sage niemand es sei Schicksal, wenn mein Haus zusammenbricht. Das Schicksal besteht aus einer Menge Wörter.

Aus all diesen Erlebnissen haben schon viele Menschen vor mir den Schluß gezogen, positiv zu denken sei besser.

„Positiv sollen Sie den Tag beginnen“, hallt es allmorgendlich aus dem Radio. „Ich rauche gern“, verkünden die Plakatsäulen, und jeder politische Mißerfolg wird heute von den Regierungen zu einem größeren Durchbruch in Richtung Fantasia positiv umgedeutet.

Mir ist das alles zu eng. Positives Denken braucht negatives Denken, um existieren zu können. Das alte Gegensatzpaar lebt verdeckt wieder auf und wen wundert's da noch, wenn die Kraft zwar „das Gute will, aber das Böse schafft“? Kaufen Sie tatsächlich jemandem eine Münze ab, von der er behauptet, sie habe nur *eine* Seite?

Positiv zu denken ist sicher besser, als sich im Dreck von Negativitäten zu suhlen – aber eben darum auch nicht davon zu trennen.

Wenn mein Denken und Sprechen Wirklichkeit erschafft, dann finde ich es besser, mich sprachlich und gedanklich eben auf das zu konzentrieren, was ich wortgetreu haben will.

Sage ich „Ich lerne langsam“ (was als Satz durchaus positiv ist), dann lerne ich eben langsam. Ändere ich diesen Satz zu „Ich lerne leicht und schnell“ (wo mein Wunsch hingeht), dann mache ich mir den Weg dazu frei. Wenig später sa-

ge ich dann „Ja, es ist schön, ich lerne leicht und schnell“.
Verneinungen („Ich falle *nicht* vom Bordstein“) sind Zwitter. Sie richten ihre Aufmerksamkeit auf etwas (vom Bordstein fallen), um dann zu sagen „Ätsch, das war nicht gemeint“ (dann bin ich aber schon gefallen). „Geh nicht ans Feuer“, sagt die Mutter – und das Kind *muß* hingehen. Die Mutter hat ihm die Richtung vorgegeben.
Was also will ich?
Was will ich lernen, wie will ich es lernen?
Wie will ich mich dabei fühlen?
Es liegt in meinem Mund.

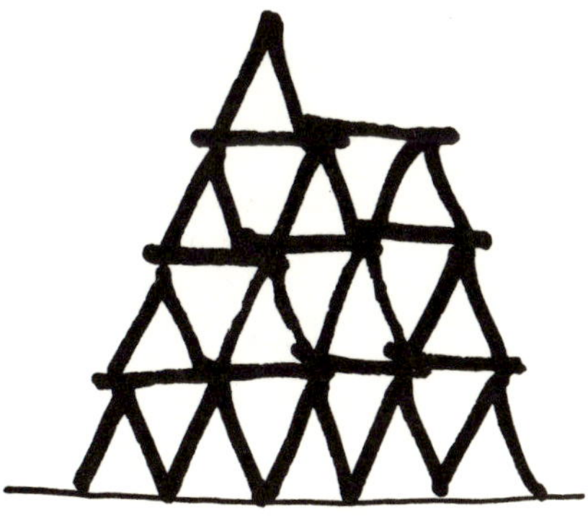

weiter mit → Suggestionen 21
→ Akzeptieren 31

Akzeptieren

Ich bin reich beschenkt. So, wie ich bin und lebe, zeichne ich mich durch eine Vielzahl von Fähigkeiten aus. Ich kann schreiben (welch komplizierte Tätigkeit), sehen (wie vielfältig), schmecken, tasten, riechen, lauschen, Töne hervorbringen, gehen, sitzen, liegen, schweigen und so weiter und so fort. Mir geht es hier nicht um ein Aufzählen „besonderer“ Fähigkeiten und Höchstleistungen – die kommen noch hinzu –, sondern um meine Ein-sicht, daß ich mich puzzleartig aus tausenden der unterschiedlichsten Fähigkeiten zusammensetze, von denen ich nur den geringsten Teil wahrnehme. Ich träume, denke, nehme wahr, ich laufe, reibe mir die Nase und bilde die Zellen meiner Fingernägel. Ich pumpe Blut durch meinen Körper, atme.
Viele dieser Tätigkeiten teile ich mit anderen Menschen dieses Planeten, doch irgendwie nie ganz. Ich reibe anders an meiner Nase als meine Nachbarin, ich lache ganz anders.

Wenn hundert Leute sich über die Stirn streichen, entstehen 100 verschiedene Bewegungen.
Selbst wenn wir also alle mit denselben Fähigkeiten ausgestattet sind, unterscheiden wir uns doch durch die Art und Weise, wie wir sie benutzen.
Ich kann meine Fähigkeiten wahrnehmen oder ignorieren; ich kann sie erweitern, verengen, einengen, wachsen lassen. Das mögen kleine Änderungen sein oder große: Die Summe all der unterschiedlichen Verhaltensweisen – das bin ich, eine Summe von Unterschieden zu anderen Menschen. Ich zeichne mich dadurch aus, daß ich anders bin als meine Nachbarn – eben ich, einzig und unverwechselbar dank meiner Unterschiede.
Meine Fähigkeiten ändern sich wie Rauchwolken im Lufthauch. Sie sind zart und empfindlich wie Keimlinge.
Begegne ich ihnen also in Liebe, dann wachsen sie. Ich unter-stütze sie.
„Mache ich sie nieder" mit Worten und Gedanken, dann ver-kümmern sie.
Das klingt so, als handle es sich bei diesen Fähigkeiten um Teile, Ersatzteile sozusagen meines Körpers, die ich ein- und ausbauen kann.
Dem ist natürlich nicht so. Meine Fähigkeiten – das bin ich. Begegne ich ihnen mit Liebe – liebe ich mich; mache ich sie nieder – bekämpfe ich mich. Ich habe doch, was ich habe, bin doch, was ich bin. Meine Fähigkeiten bilden die Grundlage, auf der ich wachsen kann.
Will ich also wachsen und lernen, bedarf ich einer soliden Basis. Wenn ich sie/mich oder auch nur einen Teil davon ablehne, nicht mag, verachte – dann entziehe ich mir im selben Maße den Boden unter den Füßen und ich hänge in der Luft.
Bevor ich anfange zu lernen brauche ich sicheren Halt unter meinen Füßen. Ich möchte darin ruhen in dem Bewußtsein: Ich vertraue mir. So wie ich derzeit bin, bin ich in Ordnung. Es ist richtig so. Ich habe es so gewollt. Aufgrund dieser Fähigkeiten kann ich *mich* entwickeln, meinen ganz speziellen Weg gehen. Es ist gut.

weiter mit → Aus tiefstem Herzen 32
→ Die Geschichte des General Wang 33

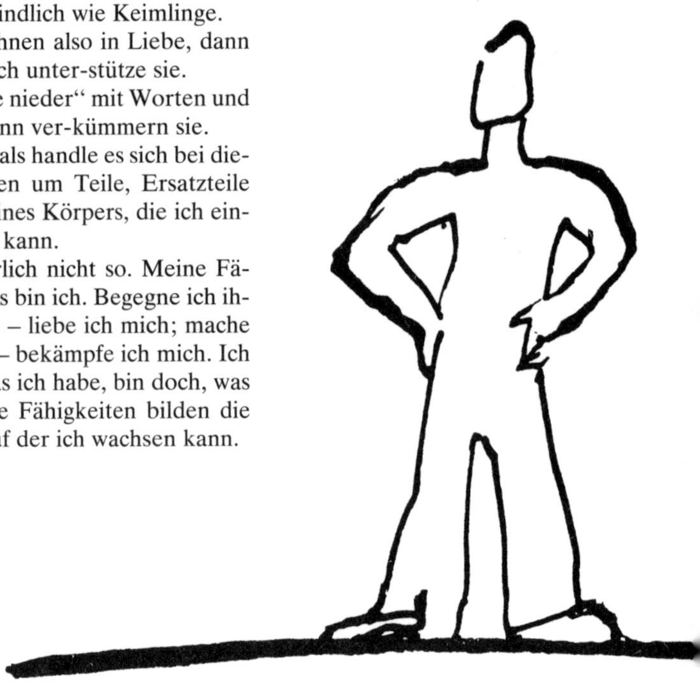

32

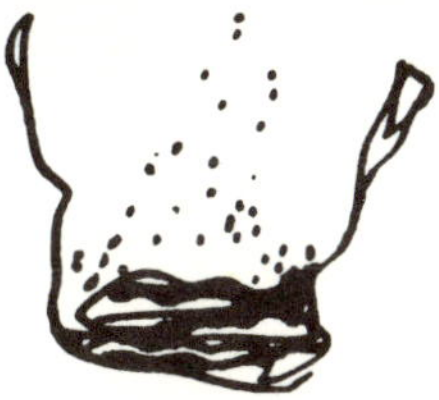

„Aus tiefstem Herzen“

In meinem Leben mit mir und meiner Umwelt, besonders aber fürs Lernen, habe ich die folgenden Sätze als sehr hilfreich empfunden:

Aus tiefstem Herzen
nehme ich mich an
mit all meinen Licht- und
Schattenseiten.

In Zeiten, wo es mir schwerer fällt, den Satz so zu akzeptieren, greife ich auf die englische Variante zurück:

From the bottom of my heart
I accept myself today
with all my light and shadow sides.

Diese Sätze ein paarmal im Laufe des Lernens gesprochen – und mir geht's besser.

weiter mit → Akzeptieren 31
→ Die Geschichte des General Wang 33

33

Die Geschichte des General Wang

General Wang hatte einen Sohn, dessen Name im Laufe der Jahre vergessen wurde. Unfreiwillig aber verhalf er seinem Vater zu einem großen Namen.

Denn eines Tages fiel der junge Herr Wang vom Pferd und brach sich ein Bein. Hausbewohner, Gesinde und Nachbarn strömten alsbald herbei, um General Wang ihre Anteilnahme auszudrücken. General Wang antwortete: „Es ist alles in Ordnung!“

Am Tag darauf, als Wangs Sohn mit Schmerzen auf seinem Bett lag, zogen Regierungstruppen durchs Dorf und schleppten alle jungen Burschen zum Soldatendienst mit sich fort.

Hausbewohner, Gesinde und Nachbarn überboten sich nun in Herrn Wangs Gegenwart, das Glück des jungen Herrn Wang zu preisen.

General Wang sagte: „Es ist alles in Ordnung!“

Als aber das Bein nicht richtig verheilte

und aus dem vielversprechenden Jüngling einen Krüppel machte, da war unter Hausbewohnern, Gesinde und Nachbarn der Wehklagen kein Ende.
General Wang entgegnete: „Es ist alles in Ordnung!"
Trotz seiner Behinderung gab der junge Herr Wang nicht auf. Er trat in die Beamtenlaufbahn ein und brachte es im Laufe seines Lebens zum obersten Berater des Kaisers.
General Wang meint: „Es ist alles in Ordnung!"

weiter mit → Vertrauen 38

Die einzige Möglichkeit

Da stehe ich vor meinem Auto. Draußen vor. Fenster und Türen sind geschlossen. Drinnen, vom Armaturenbrett, hängt unschuldig der Schlüssel. Wie soll ich bloß drankommen?
Na ja, die einzige Möglichkeit ist die, eine Fensterscheibe zu zerschlagen.
Ich spüre Protest sich regen bei diesem Vorschlag. Erst einmal versuchen, durch das Dichtungsgummi? Zweitschlüssel? Nachschauen, ob wirklich alle Fenster dicht verschlossen sind?
Nun, in diesem Falle hatte ich Glück. Nicht nur hatte ich vergessen, den Schlüssel abzuziehen – auch die Wagentür war unverriegelt geblieben. Ich brauchte sie nur zu öffnen, um weiterzufahren.
„Dummer Kerl", tönt es mir nach. „Die *einzige* Möglichkeit. Sieht er denn nicht . . ."
– daß alle Dinge mehr als nur die eine Seite haben?

– daß ich vielleicht nur meine Ein-stellung ein wenig ändern muß, um zu erkennen . . .
– daß eine *einzige* Möglichkeit nur fauler Zauber ist, der mich am weiteren Nachdenken und Hinschauen hindern soll?

Die *einzige* Möglichkeit scheint mir tatsächlich etwas für Dumme und Demagogen zu sein, für Schafe also, die nichts dagegen haben, sich von einem Schäfer zur Schlachtbank führen zu lassen.

Die *einzige* Möglichkeit beim Lernen ist meist die völlig unmögliche. Und wer will so etwas schon lernen?

weiter mit → Entschuldigungen und Begründungen 35
→ Verallgemeinerungen 36

35

Entschuldigungen und Begründungen

Ich bin heute zu spät gekommen, weil der Wecker erst so spät gerappelt hat. Muß wohl ein technischer Fehler gewesen sein.

Oder gefällt dies hier besser:

Ich bin heute zu spät gekommen, weil ich auf dem Weg zur Tram auf der regennassen Straße einem vorbeirasenden Auto ausweichen mußte, dabei ausrutschte und hinfiel. Als ich mich dann . . .

Dem findigen Geist fällt es nicht schwer, noch bessere, plausiblere oder schönere Gründe für eine fällige Entschuldigung zu produzieren. Die Suche danach artet in ein lustiges Gesellschaftsspiel aus: Wer hat die besten?

Dabei haben sie alle eines gemeinsam: daß sie nämlich, egal, wie nahe sie der Wirklichkeit kommen, dem Bereich der Märchen angehören. Sie sind der Ausdruck eines Spiels, das etwa so geht:

Ich bin zu spät dran. Nicht meine Schuld.

Wem wollen wir den Schwarzen Peter zuschieben?
Gründe be-gründen nichts, es sei denn lange Reden.
Entschuldigungen ent-schuldigen nichts, noch nicht einmal den Aufwand der Worte.
Ich bin zu spät dran. Punkt.
Gründe für die besondere Art meines Lernens?

weiter mit → Liebe 24

36

Verallgemeinerungen

Sind etwa nicht alle Neger schwarz? Alle Politiker häßlich und Gartenzwerge eine Kulturschande?
Ja, ja, ich weiß: Vor Verallgemeinerungen sollte man sich hüten. Es gilt, den Einzelfall nicht aus den Augen zu verlieren, etc. pp.
Eine schöne Zwickmühle: Verallgemeinerungen (was für ein Wort) sollte man natürlich vermeiden; und doch gibt es da so eine Eigenart von mir, die von nichts anderem als Verallgemeinern lebt. Gras ist grün. Eine Fliege heißt Fliege, weil sie fliegt. Donko ist ein Schonkaffee und Düngen verbessert die Bodenqualität: Sprache ist eine einzige Verallgemeinerung.
Angst ist eine Verallgemeinerung. Im Dunkel der Nacht bin ich gestolpert und habe mir den Kopf angeschlagen. Daraus entwickelt sich vielleicht eine Angst vor der Nacht. Sie wächst sich aus zu einer Angst vor Dunkelheit überhaupt, draußen und drinnen.
Ich habe einen Menschen mit blonden Haaren geliebt. Es war sehr schön. Von nun an haben alle Blondhaarigen bei mir einen Stein im Brett.

Die meisten meiner Gefühle sind konservierte Verallgemeinerungen. Was gestern gut war, wird auch morgen gut sein.
So etwas wächst wie eine Seuche, wenn ihr kein Einhalt, d. h., Erkennen, geboten wird. Blonde können auch schlechte Liebhaber sein und noch mehr Autobahnen nicht unbedingt des Rätsels letzter Schluß.
Wo ich dieses Ein-sehen, dieses Lernen also nicht zulasse, greifen sie um sich, bis ich bereit bin, ein-zu-sehen. Waschpulver ist gut, noch mehr ist besser, noch intensiver, breitflächiger und erbarmungsloser besser usw.
Nun hat es ja die Einsicht in dieser unserer gemeinsamen Welt so an sich, daß sie immer anderen fehlt. Sehen die das denn nicht?
Was aber ist mit meinen eigenen Erfahrungen? War da nicht dieser Lehrer, der mich einmal schief anschaute, den ich deswegen nicht mochte, dessen Lieblingsfach Englisch ich dann nicht mochte, worauf ich die ganze Sprache nicht mochte und mich in meinem Beruf mi-

serabel fühle, weil ich kein Englisch kann, weil es so schwer ist, weil ich schlecht behalte, vielmehr alles vergesse? (Daß ich mich im letzten Urlaub an der Bar zwei Stunden lang mit einem Engländer Englisch unterhalten habe, das verschweige ich hier lieber.)
Warum tue ich nicht, was ich schon immer tun wollte? Was hält mich ab, so zu leben und lernen, wie ich möchte? Verallgemeinerungen.
All die vielen, vielen Verallgemeinerungen, die sich in meinen Standardsätzen niederschlagen: Fußball ist doof, Englisch schwierig, Lernen mühsam.
Sie leben vom Wegschauen. Solange ich sie einfach sinn-los vor mich hinmurmele, tun sie ihren Dienst und leben weiter. Aber nur ja nicht in Frage stellen! Ich könnte zu der Einsicht kommen, daß alles nur Kokolores ist. Daß ich mir etwas vormache. Alles fauler Zauber. (Damit will ich nicht sagen, daß ich sie nicht auch brauche, um mich überhaupt unterhalten zu können. Doch ihnen deswegen gleich freie Hand lassen?)

Die ursprüngliche Erfahrung war relativ klein. Unbedachte Verallgemeinerungen haben sie ins Gigantische wachsen lassen. Sie werden weiter wachsen und um sich greifen, bis ich sie er-kenne.
So gesehen, können Verallgemeinerungen auch schöne Aufforderungen sein, hinzuschauen und zu lernen. Immer. Nie.

weiter mit → Umfahren 10
→ Konzentration 40

Bewegen

Ich erinnere mich dieser alten mahnenden Stimme: „Halt dich gerade. Sitz ruhig. Zappel nicht so. Hände auf den Tisch. Streng dich an". Ich erinnere mich auch an die Statue, in die ich mich langsam verwandelte: starr und gerade. Und tot.
Ach nein, denn der Geist sollte sich konzentrieren auf einen Punkt, diesen Satz oder jene Aufgabe. Er fixierte das

Problem, kreiste es solange ein, bis er selber genauso starr und unbeweglich wurde wie sein Körper. Ein Zombie.
Das Ergebnis all dieser Mühen war, abgesehen von Schulnoten, paradox: Je mehr ich meine Aufmerksamkeit auf einen Gegenstand fixierte, desto mehr entglitt er mir. Ich begann unscharf zu sehen, die Dinge lösten sich auf unter meinem Blick.
Dann kam die Brille, die Sehbrücke, die meinen Blick wieder zwanghaft fixierte. Doch die Gegenstände lösten sich wieder auf. Eine stärkere Brille. Auflösen – neue Brille usw.
Es dauerte lange, bis ich wenigstens teilweise dahinter kam. Wenn alles fließt, wer bin ich dann, diesen Strom anzuhalten? Der Baum, der versucht, dem Sturm zu trotzen, wird gefällt; das schlanke Gras, das in seinen Fluten dahinströmt, richtet sich danach gereinigt und gekräftigt wieder auf. Meine Augen sind keine Glaskörper! Mein Kopf ist keine Kamera!

Beim gesunden Sehen springt und hüpft der Blick von Punkt zu Punkt, ohne daß ich mir dessen bewußt werde. Kommt diese Bewegung zur Ruhe, indem ich beispielsweise etwas fixiere, also festhalte, dann verschwimmt der Blick, verschwimmt der Gegenstand. Die Bewegung meines Schauens wird zur Bewegung des geschauten Gegenstandes; die Bewegung selber kommt nicht zur Ruhe. Alles fließt, sagte Heraklit – und muß wohl das Schauen eingeschlossen haben.
Denn beim eigentlichen Schauen (und Lernen) lasse ich den Blick über die Gegenstände streifen, ich um- und erfasse sie, als wolle ich sie liebkosen. Ich verfolge ihre Ausdehnungen und Formen, ihre Größen, Farben und Beschaffenheit. Ich wandere an ihnen entlang. Ich be-wege mich, d. h., ich lasse mich selber einen Weg gehen – zu den und um die erschauten Gegenstände. Ich fließe mit.
Deshalb ist der schauende Mensch auch ein bewegter Mensch. Die so angegangenen Dinge des Lebens rühren ihn (an). (Bewege ich mich, bewegen mich auch die Dinge.)
Dabei fällt mir auf, wie wichtig bei diesem Vorgang wieder die anfängliche Richtung ist: Stopfe ich alles in mich hinein, ergeht es mir übel; bewege ich mich auf Menschen und Dinge zu, dann geraten ich und die so Angesprochenen in die Bewegung, die ich Lernen nenne, ein harmonisches Fließen.
Ich kann sehen, ich kann schauen.
Während beim Sehen mein Bewußtsein in unkontrollierten Sprüngen durchs Gesichtsfeld nur nach einer Information Ausschau hält, nämlich dem Namen des Gegenstandes, lenke ich es beim Schauen bewußt in fließender Bewegung von hier nach da (→ Umfahren 10).

Sehen will identifizieren. Es ist zufrieden (stoppt in seiner Bewegung), wenn es die Be-zeichnung gefunden hat.
Schauen erweitert meine bewußte Wahrnehmung (solange es auf Namen verzichtet), um unendlich viele Informationen – solange es in Bewegung bleibt. Dem Schauenden, d. h., dem Bewegten, öffnen sich in jedem Blütenblatt ganze Universen.

weiter mit → *Langeweile 39*
→ *Entschuldigungen und Begründungen 35*

Vertrauen

Treu sein: stark und fest wie ein Baum sein.
Ich vertraue Dir. Ich mache Dich zu meinem festen Baum, der mich stützen wird, wenn ich müde bin. Ich gebe Dir dieses Geschenk meines Vertrauens. Nimm es und handle danach.
Im Vertrauen auf Dich betrachte ich damit die ganze Angelegenheit als erledigt. Ich werde nicht mehr darüber nachdenken, die Angelegenheit nicht mehr in Frage stellen. Meine Gedanken werden schweigen.
Doch deine Stärke und Standfestigkeit, deine lebenslange Unerschütterlichkeit: sie fließen mir zu als ein Gefühl jenseits und unter den Worten. Sie füllen und erfüllen mich. Du machst mich stark. Jetzt fühle ich mich sicher im Boden verwurzelt, bereit, nach vorne zu gehen. Zu lernen.

Ich war großzügig. Ich investierte meine Stärke in dich – in der Hoffnung, daß du sie mir, angereichert mit deinem Wesen, in Zeiten des Bedarfs zurückgeben würdest. Doch als ich Not litt, verhallte mein Ruf, du warst nicht da. Und als du schließlich kamst, fand ich meine Stärke in dir nicht mehr. Und du selber warst so elend schwach, daß du mich nicht einmal stützen konntest. Ich fiel.

Ich fiel zu *Boden*. Er schnellte mir ins Gesicht, so als ob er sagen wollte: „Sieh her, hier bin ich". Stütze und Halt waren immer noch da! Ich hatte vergessen, daß in all meiner Not meine Füße doch immer auf dem Boden geruht hatten. Die Kraft des Baumes, die in mir hatte aufsteigen wollen – warum hatte ich sie genommen und nach außen geschleudert, anderen vermacht, gleich als miß-

achte ich ihren Wert? Warum hatte ich der Kraft nicht zuvor erlaubt, mich ganz und gar auszufüllen? Warum hatte ich das ausgehöhlte Dasein eines vertrockneten Halmes dem Leben eines wachsenden Baumes vorgezogen? Warum also hatte ich zuvörderst nicht mir selber vertraut?
Ich vertraue mir nun und stehe fest verwurzelt im Grund. Auf ihm und aus ihm heraus recke und strecke ich mich, weite ich mich und wachse. Ich lerne.

Meine Freude und mein Vertrauen, meine überfließende Stärke biete ich dir an zum Geschenk. Jetzt, da ich mir vertraue, will ich dem Fluß dieser Kraft nicht länger widerstehen. Sie fließt von allein zu dir. Wenn du mich brauchst, bin ich da. Ich erwarte nichts von dir. Ob du es annimmst oder nicht, aber du genießt mein Vertrauen. Genieße es.

weiter mit → Liebe 24

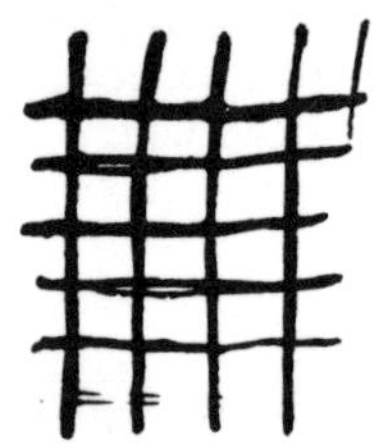

Langeweile

Wo die Welt zum Stillstand kommt, alles Geschehen in einem zähen, klebrigen Sumpf stecken bleibt, wo nur noch Altbekanntes lebt, da beginnt das Reich der Langeweile. Wo die Welt zum Stillstand kommt, alles Geschehen in einem zähen, klebrigen Sumpf stecken bleibt, wo nur noch Altbekanntes lebt, da beginnt das Reich der Langeweile. Wo die Welt zum Stillstand kommt, alles Geschehen in einem zähen, klebrigen Sumpf stecken bleibt, wo nur noch Altbekanntes lebt, da beginnt das Reich der Langeweile. Wo die Welt zum Stillstand kommt, alles Geschehen in einem zähen, klebrigen Sumpf stecken bleibt, wo nur noch Altbekanntes lebt, da beginnt das Reich der Langeweile. Wo die Welt zum Stillstand kommt, alles Geschehen in einem zähen, klebrigen Sumpf stecken bleibt, wo nur noch Altbekanntes lebt, da beginnt das Reich der Langeweile. Wo die Welt zum Still-

stand kommt, alles Geschehen in einem zähen, klebrigen Sumpf stecken bleibt, wo nur noch Altbekanntes lebt, da beginnt das Reich der Langeweile. Wo die Welt zum Stillstand kommt, alles Geschehen in einem zähen, klebrigen Sumpf stecken bleibt, wo nur noch Altbekanntes lebt, da beginnt das Reich der Langeweile. Wo die Welt zum Stillstand kommt, alles Geschehen in einem zähen, klebrigen Sumpf stecken bleibt, wo nur noch Altbekanntes lebt, da beginnt das Reich der Langeweile. Wo die Welt zum Stillstand kommt, alles Geschehen in einem zähen, klebrigen Sumpf stecken bleibt, wo nur noch Altbekanntes lebt, da beginnt das Reich der Langeweile. Wo die Welt zum Stillstand kommt, alles Geschehen in einem zähen, klebrigen Sumpf stecken bleibt, wo nur noch Altbekanntes lebt, da beginnt das Reich der Langeweile. Wo die Welt zum Stillstand kommt, alles Geschehen in einem zähen, klebrigen Sumpf stecken bleibt, wo nur noch Altbekanntes lebt, da beginnt das Reich der Langeweile. Wo die Welt zum Stillstand kommt, alles Geschehen in einem zähen, klebrigen Sumpf stecken bleibt, wo nur noch Altbekanntes lebt, da beginnt das Reich der Langeweile. Wo die Welt zum Stillstand kommt, alles Geschehen in einem zähen, klebrigen Sumpf stecken bleibt, wo nur noch Altbekanntes lebt, da beginnt das Reich der Langeweile. Wo die Welt zum Stillstand kommt, alles Geschehen in einem zähen, klebrigen Sumpf stecken bleibt, wo nur noch Altbekanntes lebt, da beginnt das Reich der Langeweile. Wo die Welt zum Stillstand kommt, alles Geschehen in einem zähen, klebrigen Sumpf stecken bleibt, wo nur noch Altbekanntes lebt, da beginnt das Reich der Langeweile.
Ich lechze nach Abwechslung, um der Langeweile zu entgehen. Sie kommt nicht. Ich lechze nach Abwechslung, um der Langeweile zu entgehen. Sie kommt nicht. Ich lechze nach Abwechslung, um der Langeweile zu entgehen. Sie kommt nicht. Ich lechze nach Abwechslung, um der Langeweile zu entgehen. Sie kommt nicht. Ich lechze nach Abwechslung, um der Langeweile zu entgehen. Sie kommt nicht. Ich lechze nach Abwechslung, um der Langeweile zu entgehen. Sie kommt nicht. Ich lechze nach Abwechslung, um der Langeweile zu entgehen. Sie kommt nicht. Ich lechze nach Abwechslung, um der Langeweile zu entgehen. Sie kommt nicht. Ich lechze nach Abwechslung, um der Langeweile zu entgehen. Sie kommt nicht. Ich lechze nach Abwechslung, um der Langeweile zu entgehen. Sie kommt nicht. Ich lechze nach Abwechslung, um der Langeweile zu entgehen. Sie kommt nicht. Ich lechze nach Abwechslung, um der Langeweile zu entgehen. Sie kommt nicht. Ich lechze nach Abwechslung, um der Langeweile zu entgehen. Sie kommt nicht. Ich lechze nach Abwechslung, um der Langeweile zu entgehen. Sie kommt nicht.

Ich will mich auf-machen und schauen. Und siehe da: Die Langeweile ist verschwunden.
Gibt es sie überhaupt, diese Langeweile? Ist es nicht vielmehr so, daß *ich* langweilig bin, nämlich bewegungsfaul bis reglos? Ich halte doch die Zeit an, indem ich so tue, als gebe es nichts Neues mehr zu schauen, indem ich warte, daß andere mir irgendetwas Neues anbieten – weiß der Himmel was.

Voller Langeweile stelle ich mich tot.

Tote Menschen lernen nur eines: Langeweile ist tödlich. Tote Menschen lernen nur eines: Langeweile ist tödlich. Tote Menschen lernen nur eines: Langeweile ist tödlich. Tote Menschen lernen nur eines: Langeweile ist tödlich. Tote Menschen lernen nur eines: Langeweile ist tödlich. Tote Menschen lernen nur eines: Langeweile ist tödlich. Tote Menschen lernen nur eines: Langeweile ist tödlich. Tote Menschen lernen nur eines: Langeweile ist tödlich. Tote Menschen lernen nur eines: Langeweile ist tödlich. Tote Menschen lernen nur eines: Langeweile ist tödlich. Tote Menschen lernen nur eines: Langeweile ist tödlich. Tote Menschen lernen nur eines: Langeweile ist tödlich. Tote Menschen lernen nur eines: Langeweile ist tödlich. Tote Menschen lernen nur eines: Langeweile ist tödlich. Tote Menschen lernen nur eines: Langeweile ist tödlich. Tote Menschen lernen nur eines: Langeweile ist tödlich. Tote Menschen lernen nur eines: Langeweile ist tödlich.

weiter mit → Konzentration 40

Konzentration

Wenn ich dieser Linie folge

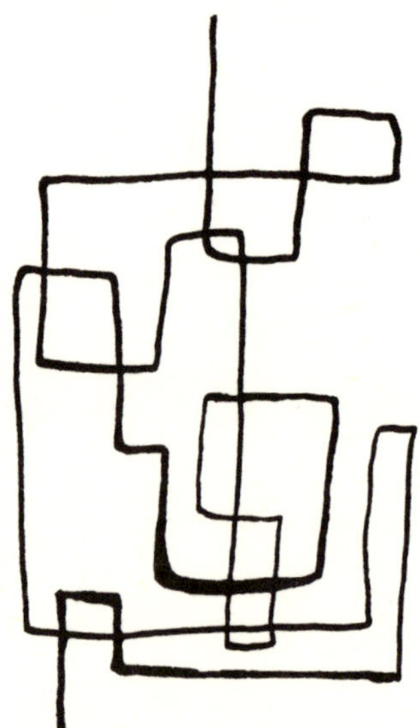

konzentriere ich mich.

Wenn ich dieser Linie folge

konzentriere

konzentriere

konzentriere ich mich auch.

Nur fühlen tue ich anders.
Ist da nicht die Spur einer Irritation in meinem Konzentrieren? Oder verwechsle ich nur Konzentrieren mit Sich-Ver-führen-lassen? (Der Ver-führte ist stets der Ge-narrte, weil er auf den Wegen der anderen eine lächerliche Figur macht. Schon einmal Fräulein Sommer in der Rolle der Marylin Monroe gesehen?) Folge ich der Linie oder zwingt sie mir ihren Weg auf?
Wenn ich mich konzentriere, halte ich das Heft in der Hand, ich bestimme den Weg (dazu sollte ich natürlich wissen, was ich will). Dann mögen Gabelungen, also Ent-scheidungen kommen, soviel sie wollen; sie stören mich nicht.

Ist mein Ziel unbestimmt, dann verführt *jeder* Weg. Ich werde in seinen Bann gezogen. Damit höre ich auf zu sein. Nicht mehr ich lebe dann selbst – ich werde gelebt. Be-nommen gehe ich dann meines Weges.
Zum Lernen bedarf es einer möglichst großen Klarheit. Nur was ich klar sehe, kann ich lernen. Und es bedarf der eigenen Entscheidung, die ich auch Konzentration nenne.
Ge-bannt werden mag lustig sein; nur – mein Lernen wird es nicht fördern. Sonst wären wir alle, die wir gern fernsehen oder ins Kino gehen, damit schon automatisch Geistesgrößen.
Dazu werde ich vielleicht, wenn ich mich durch eigene Entscheidung aus dem Bann lösen und meinen Weg gehen kann. Um zu lernen brauche ich also für mich die Freiheit der Entscheidung, wohin ich meine Konzentration lenken will.
Konzentration ist die zielgerichtete Energie meines Bewußtseins, Energie also, die *ich* bewußt in eine bestimmte Richtung lenke.
Wenn ich dieser Linie folge

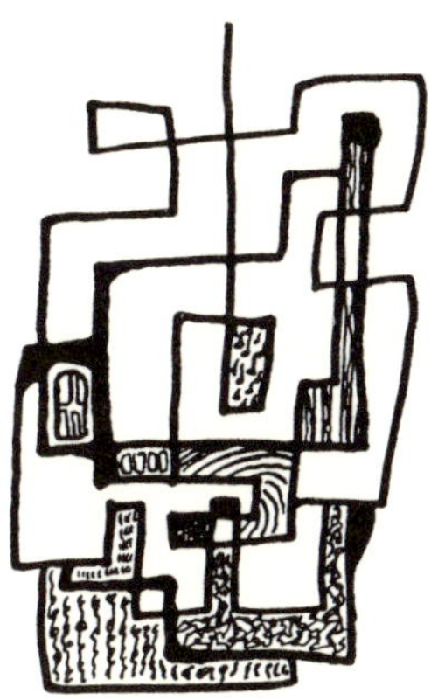

weiter mit → Interesse 23
→ Liebe 24

3.

TUN

„Wenn ich als Fliege zum achten Mal gegen
die unsichtbare Fensterscheibe pralle,
wer verursacht den Zusammenprall?“

Gobo-eab (1259–17)

„Der Wanderer gelangt nunmehr zu einem aufregend schönen Portal,
wie es nur seiner Ein-Bild-ung entsprungen sein kann.
Über ihm steht in grünen Lettern geschrieben,
nach langer Wintersnacht in dem ersten atemberaubenden Grün des Frühlings geschrieben:
Hege Deine Träume – und Lebe danach“

Anonymus (wahrscheinlich 1719)

Die Geschichte vom Fisch

Da lebte einst zusammen mit vielen anderen ein Fisch im großen Meer. Er schwamm hierhin und dorthin, sprang auch manchmal, wie die anderen es auch taten, aus dem Wasser, um dann klatschend wieder darin einzutauchen. Es war ein Riesenspaß. Er genoß dieses Segeln durch die weite Luft. Immer häufiger sprang er, länger flog er durch die strahlende Luft, höher schlug sein Herz. Und je weiter er glücklich über dem Wasser segelte, desto ärger schien ihm das endliche Eintauchen ins Dunkel des Wassers zu werden. Und der Moment kam, wo er die Beschränkung seines Fluges nicht mehr wahrhaben wollte. Fiel er nun zurück ins Wasser, dann schloß er die Augen, verdrängte alles Hören, Riechen, Sehen, Fühlen, ja spielte „Toter Mann“ – bis er die Wasseroberfläche wieder durchbrechen konnte.
Auf diese Weise dehnten sich seine Flüge und erfüllten ihn mit Licht und Freude – bis er gegen seinen Willen wieder in die dunkle Nacht des Wassers geworfen wurde, in ein Meer des Vergessens. Denn nichts nahm er wahr, während er schneller und schneller durch das Wasser glitt, um schließlich pfeilschnell mit einem Lachen in die blaue Luft aufzusteigen.
Mit der Zeit aber ließ auch diese Erregung nach und er erkannte, während er so durch die Lüfte segelte, daß ihm etwas fehlte. Doch was? Lebte er nicht ein herrliches Leben, frei wie ein Vogel?
Als er schließlich seinen eigenen Mißmut nicht mehr aushielt, wandte er sich an einen anderen fliegenden Fisch, den er ab und zu für kurze Zeit traf. „Das Leben ist sinnlos“, teilt er ihm mit, „eintönig, langweilig.“
„Du“, entgegnete ihm da der andere mit einem Funkeln in den Augen, „schließt ja auch die Augen, wenn du ins Wasser eintauchst!“

Nach allem, was bisher gesagt worden ist, dürfte klar sein, daß mein Superlearning kein geschlossenes System, d. h., nicht der Weisheit letzter Schluß sein kann. Es beschreibt vielmehr Haltungen, mit denen ich meinen Zielen entgegen gehen und meine Wege erforschen kann. Wenn ich mich offenen Auges fort-bewege, werde ich wahrscheinlich immer Neues wahrnehmen/lernen, morgen wird nicht wie heute sein. Ich werde von einem Punkt der Wahl zum nächsten ziehen und die Summe der gefällten Entscheidungen wird dann – rückblickend – meinen Weg zu meinem Ziel kennzeichnen.
Doch egal, wohin ich gehe oder was ist lerne, entscheidend für mich bleibt mein Umgang mit Energie, Kraft, Power. Was ich tue, also. Wie so oft gibt es auch hier viele verschiedene Möglichkeiten. Egal wie exotisch sie manchmal auch anmuten: Sie stellen Formen des Lernens dar. Selbst wer nicht lernen will, lernt – auf seine Weise. Und die ist genauso gültig wie jede andere.
Wenn ich im folgenden 4 Wege des Lernens unterscheide, dann nicht, weil es nur diese 4 gäbe, auch nicht, um eine davon in den Himmel zu heben (alle 4 sind gleichermaßen sinn-voll), sondern um mir selber Vergleichsmöglichkeiten mit meinem eigenen, ganz privaten Lernen zu bieten. Vielleicht spüre ich dann meinen Weg klarer und kann ihn bewußter und freudiger gehen; vielleicht auch er-fahre ich eine Erweiterung meiner Sehweisen.
Lernen ist eine Haltung.
Mit dieser (Lern)Haltung kann ich vorwärts gehen – meinem Ziel entgegen.
Über dieses Tun zu schreiben ist eigentlich Un-sinn. Schreiben und Lesen ersetzen kein Tun. Will ich mein Tun ändern, sollte ich es tun – und nicht darüber lesen.
Meine Schritte dem Ziel entgegen können wie ein Spiel sein. Dann stellen die folgenden vier Wege nur Spielanleitungen dar. Meilenweit von mir entfernt. Ich muß sie für mich erst übersetzen – auch das ist Lernen.

weiter mit → Alles fließt, S. 128

DER WEG DES KREBSES

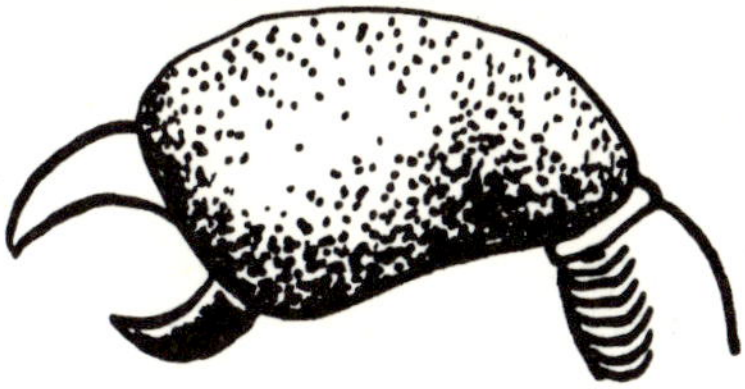

Der Suppenkasper sagte zu der Suppe, die ihm seine wohlmeinenden Eltern vorsetzten: ‚Nein, nein, diese Suppe mag ich nicht". Er fügte nicht hinzu: „Ich will viel lieber Spargelsuppe oder Haifischflossensuppe". Statt dessen schob er den Teller von sich bzw. den ganzen Tisch mit all den Tellern. Weil der Tisch aber schwerer wog als der dünne Suppenkasper, drückte er bloß sich selber weg, verlor die Balance mit seinem Stuhl und fiel schmerzhaft zu Boden.
Ja, Lernen ist schwer und so unendlich mühsam. Ich kann da aus eigener Erfahrung sprechen. Wie oft habe ich mir nicht schon auf den Kopf gehauen! Wenn ich bedenke, wieviel Zeit und Aufwand draufgingen, um diese häßliche Sprache zu erlernen. Und was ist draus geworden? Ein paar holprige Sätze.

Mein Gedächtnis ist auch wie ein Sieb. Ich er-arbeite mir all meinen Stoff genauestens – und trotzdem bleibt nichts hängen. Schon der Volksmund sagt: Man muß siebenmal vergessen, um zu lernen! Doch warum ausgerechnet ich? Andere hören etwas und behalten es sofort und für ewig. Nur ich nicht. Ich kann mir das nie behalten.

Neulich hat mich jemand gefragt, warum ich denn diese Sprache überhaupt lerne. Ich habe ihm geantwortet: Weil ich muß. Meine Firma erwartet es von mir. Wenn ich sie nicht bald kann, fliege ich. Viel lieber als auch noch abends die Schulbank zu drücken würde ich natürlich meinem Hobby nachgehen – ich züchte Brieftauben.
Und letztes Jahr habe ich, bzw. meine Tauben, sogar die Clubmeisterschaft gewonnen. Mensch, war das aufregend – ja, also diese Sprache. Ich bin doch viel zu alt dafür. Warum überläßt man das nicht den Jungen? Meier, sagte letzthin mein Chef, Sie schaffen das schon! Pah, wenn der wüßte. Er hat mir sogar angeboten, einen Sprachkursus in dem Land zu bezahlen – wo ich doch schon seit 15 Jahren nach St. Ignatius fahre. Sie, ich kenne mich da aus wie in meiner Westentasche. Und die Wirtin vom Sonnenhof, die weiß schon, was ich trinken will, wenn ich nur zur Tür hereinkomme. Da fühle ich mich wie zu Hause. Nein, nein, all dieser neumodische Kram. Früher ging's doch auch ohne Fremdsprachen. Und diese Computer und diese ewigen Neuerungen. Früher, das waren noch Zeiten! Mensch, da sind wir als Jugendliche hin, haben in der Nacht den hölzernen Heuwagen des Nachbarn auseinandermontiert, dann die Teile nacheinander aufs Dach seiner Scheune ge-

schafft und dort oben auf dem First wieder zusammengebaut. Der hat geguckt am anderen Morgen!
Natürlich wäre so etwas heute kaum mehr möglich. Da hagelt's doch gleich Anzeigen. Und die Jugend hat ja auch keinen Mumm mehr. Ja, was ich noch sagen wollte, diese Neuerungen: Sollte ich doch obendrein noch einen Computerkurs belegen, so zum Reinschnüffeln, weil die in der Firma überlegen, ob sie sich so'n Dings anschaffen sollen. Ich hab mich natürlich mit Händen und Füßen gewehrt. So'n Teufelszeug kommt nicht in mein Büro, solange ich noch was zu sagen habe.
Mein Jüngster hat sich neulich doch von seinem Taschengeld sowas gekauft. Ist ganz verrückt danach. Versucht schon seit Wochen, mich an den Bildschirm ranzukriegen, um eines dieser sinnlosen Spiele – ich weiß nicht mehr, worum es da geht – zu spielen. Ich sag ihm zwar immer: „Junge, das ist doch nichts für dich. In deinem Alter bin ich draußen herumgetobt und hab die tollsten Sachen angestellt", aber er hört nicht mehr auf mich. Zeigt übrigens auch keinerlei Interesse mehr an meiner Arbeit. Flippt bloß den ganzen Tag an diesem Apparat oder sonstwo rum. Wollte ihm einen Job bei meiner Firma verschaffen, so wie ich ihn hab. Er meinte, das wäre doch langweilig.
Mag schon sein; aber irgendeiner muß doch die Drecksarbeit tun, oder? Sonst macht sie doch keiner. Ich finde ja auch, daß die Arbeit stinklangweilig ist und schlecht bezahlt wird – aber man muß doch heute froh sein, überhaupt noch etwas zu kriegen, oder?
Eigentlich ganz wie meine Frau. Als wir jung vermählt waren, Gott, was haben wir da angestellt, sind tanzen gegan-

DER WEG DES WEISEN

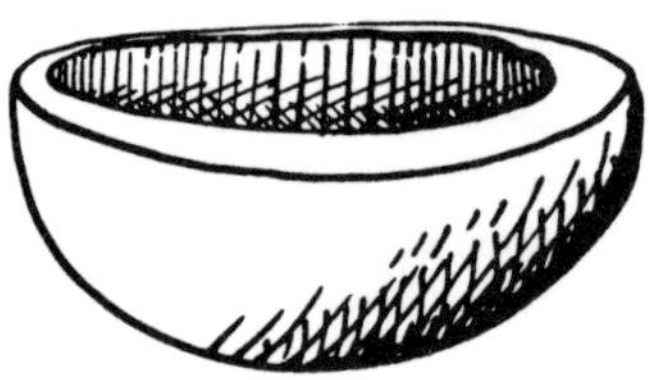

Der Weise schaut.
Der Weise denkt nicht, indem er Dinge und Geschehnisse analysiert, um ihnen dann Schilder zu verpassen: „Das ist gut", „Das ist schlecht" usw. Er schaut und ruht dabei in dem Bewußtsein, daß alles in Ordnung ist. Es hat seine Ordnung, ist wichtig und richtig in diesem Augenblick.
Der weise Lerner schaut sich beim Lernen zu. Er sieht sich Informationen aufnehmen und wiedergeben. Er schaut zu, wie er vergißt, was er gelernt hat; wie er es wiederfindet. Er ist unbeteiligter Zeuge seiner Verzweiflung über irgendein Mißgeschick, wie er unbeteiligter Zeuge seiner größten Triumphe ist. Er schaut zu.
Er interpretiert nicht, er bewertet nicht. Er verdammt nicht seine Mißerfolge, wie er die Erfolge nicht jubelnd feiert.
Da er weiß, daß alles fließt – und er fühlt

gen, haben uns die Nacht um die Ohren geschlagen, nur um den Sonnenaufgang auf dem Simmerhorn mitzukriegen. Wir haben viel gelacht, hatten 'ne Menge Freunde. Heute ist das alles anders. Zum Geburtstag kommen ein, zwei noch; wir gehen zu deren Geburtstag. Aber sonst? Schweigen im Walde. Weiß der Himmel, warum.

Meine Frau sagt, sie hält dieses ewige Einerlei abends nicht mehr aus. Sie besucht jetzt Volkshochschulkurse! Kann sie doch auch im Fernsehen haben. Ich versteh das nicht. Früher war sie ganz anders.

Stimmt ja schon, das Leben ist langweiliger geworden. Aber das ist doch normal, oder? Man wird älter, pflegt seine Krankheiten – ich hab manchmal so fürchterliches Rheuma, die Augen lassen nach, die Muskeln sowieso. Früher hab ich jede Menge Sport getrieben. Aber heute, wofür?

Warum soll ich mich anstrengen, warum soll ich noch was tun? Ist doch alles sowieso egal. Irgendwann wird der Deckel über meiner Kiste zugeklappt, und es hat sich. Soll ich mich da aufregen?

Apropos aufregen: Neulich haben doch so ein paar Rocker wieder auf'm Hinterhof Lärm gemacht und mit 'nem Ball auf die Wand geschossen. Die hab' ich angebrüllt! Waren ganz entsetzt, haben den Schwanz eingezogen und sich getrollt. Die Jugend weiß ja gar nicht mehr, was sie will.

Aber was ich wirklich mein': Wozu soll ich rackern und schuften, wenn die mir nachher eh die Scheiben eintreten und mir eins über'n Kopf geben. Laß die doch mal größer werden! Schon jetzt sind sie rotzfrech, geben Widerworte und überhaupt!

---

diese Erfahrung in seinen Adern fließen – ist er sich bewußt, daß die Triumphe von heute die Niederlagen von morgen sind – und umgekehrt. Er hat am eigenen Leibe schauend miterlebt, wie die Erfahrung, die er an dem einen Tag mit all seiner Kraft bekämpfte, ihm am anderen das Leben rettete. Indem er so bestimmte, meist „negative" Erfahrungen nicht ignoriert („vergißt"); indem er also auch die sogenannten „negativen" Erfahrungen in sich aufnimmt, braucht er sie nicht dutzende Male zu wiederholen, um seine Lektion zu lernen.

So nimmt er gleich-gültig hin, was er auf dem Wege seines Lernens erfährt weil jede Zelle seines Körpers fühlt und weiß, daß ihr eh nur widerfährt, was sie im großen Strom des Lebens zur Erfüllung ihres Lebens braucht. Sie nimmt an, was sich ihr bietet.

Der Weise hat für sich erfahren, daß hinter den wechselnden Erfahrungen der Tage ein großes Muster liegt, sein Muster, sein Weg, der ihn letztlich sicher durch all die Stürme und den manchmal blendenden Sonnenschein an sein Ziel bringen wird. Er hat gelernt, weniger den oberflächlichen Rastlosigkeiten des Alltags Beachtung zu schenken, als ihrer tiefer liegenden Bedeutung.

Auf diese Weise fühlt sich der weise Lerner in all den Unbill des Lebens dennoch geborgen.

Der weise Lerner vertraut auf sich und die schützende Einheit alles Lebens. Mit beiden Beinen steht er fest verwurzelt in diesem Grund, fühlend, leidend, aber eben nicht umzuwerfen.

Akzeptierend – und eben deswegen sehend, lernend.

Der weise Lerner klopft sich lächelnd auf die Schultern und sagt: „Das ist in Ordnung so."

Unsere Wissenschaftler zerlegten alle materiellen Erscheinungen zunächst in Atome, die Unzerteilbaren, um dann mit Erstaunen festzustellen, daß auch sie nur Produkte anderer – und hier zögerten sie – Teil-chen? waren. Je intensiver sie forschten, desto mehr löste sich die Materie auf, verlor sich in einem unfaßbar großen Raum – voll tanzender Energie. Das Universum tanzt rastlos, energetische Tänze, wie es scheint. Manche davon schwingen relativ langsam – und schauen aus wie Tische und Stühle – manche vibrieren schneller als Gase und Luft, als Radiowellen, als Licht.
Schneller noch als Licht, dieser Zwitter aus Masse und Energie, wie unsere Wissenschaftler konsterniert feststellen, sind unsere Gedanken und Vorstellungen. Feiner als das feinste Spinnengewebe, feiner als sämtliche Leiter unserer Computerchips – entziehen sie sich bisher weitestgehend unseren Meßapparaturen. – Dennoch existieren sie als unabdenkbarer Bestandteil dieser Welt. Wenn Ideen die Welt verändern und Gedanken frei sind, dann sind sie eben dies: pure Energie.
Energie steht nie still; ein Tanz ohne Bewegung ist kein Tanz. Alles fließt und verändert sich – von meinen unruhigen Gedanken bis zu den entferntesten Galaxien des Weltalls.

Der Weg
des Baumes
(Seite 130)

Der Weg
des Weisen
(Seite 126)

Alles fließt
denn Bäume, Sterne und
Sträucher, aber auch meine Katze,
mein Körper und meine Gedanken
sind nur verschiedene Formen ein-
und derselben Energie.
Mein Lernen ist die Antwort auf
die Frage, wie ich mit dieser
Energie umgehe.

Der Weg
des Kriegers
(Seite 130)

Der Weg
des Krebses
(Seite 125)

DER WEG DES BAUMES

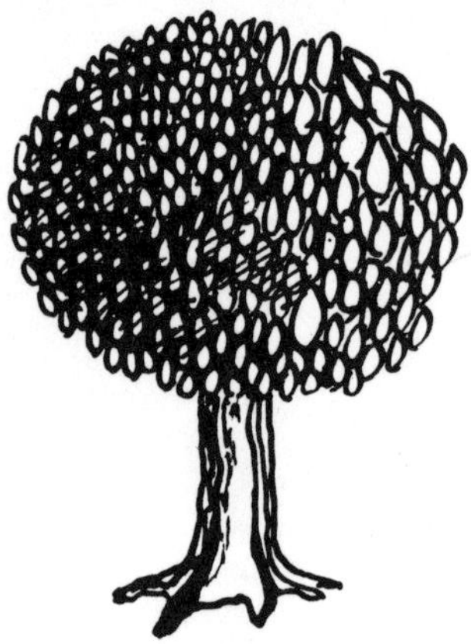

Der Baum, das ist zunächst ein Samenkorn, unscheinbar, das aber das fertige Bild des Baumes schon in sich trägt. Der Lernende, der den Weg des Baumes beschreitet, erwählt sich ein Ziel.
Der Samen fällt zur Erde, wird von ihr begraben, ruht. Der Lernende gibt seinem Ziel Raum in sich selbst. Er sinnt ihm nach, fühlt in es hinein, stellt es sich genauer und genauer vor Augen, wie ein Foto, wie ein Film, wie greifbare Wirklichkeit. Die Idee, sagen wir, nimmt Gestalt an.
Die Erde, in dem das Samenkorn ruht, signalisiert ihre Hilfe, schickt Wärme, Feuchtigkeit und Nahrung. Der Lernende vertraut auf sich. Er ist sich sicher, Mittel und Wege zu seinem Ziel zu finden.
Das Samenkorn öffnet sich, greift hinaus in den neuen Raum um sich herum, saugt Nahrung auf, gibt Nahrung ab. Es

DER WEG DES KRIEGERS

Aus der Vielzahl möglicher Kämpfe wählt sich der Krieger einen aus, der ihn fordert. Läßt er sich auf diese Herausforderung ein (die anscheinend von draußen an ihn herangetragen wird, immer aber seiner Einwilligung bedarf), dann ver-sinkt die Welt um ihn her, soweit sie für seinen speziellen Kampf nicht von Bedeutung ist, in graue Schatten. Er konzentriert sich.
Dabei ist er wie ein süchtiger Spieler, der über dem Spiel den Rest der Welt vergißt. Der Krieger *ist* ein Spieler.
Er kämpft immer nur einen Kampf: für dies und damit *gegen* jenes. „Ich kann nicht Diener zweier Herren sein", spricht der Kämpfer. Also werden für diesen Kampf die Qualitäten eines Herrn erhöht und damit die des anderen erniedrigt. Er kämpft nicht für sich selbst, seine

verbindet sich mit der Erde. Der Lernende weiß, daß er sich, wenn er sein Ziel erreichen möchte, ändern muß. Er weiß, daß er seinen jetzigen Platz verlassen und neue Wege gehen muß. Er öffnet sich der Welt um sich herum und beginnt, im Lichte seines Ziels Informationen zu suchen, aufzunehmen und abzugeben. Denn wie ich nicht nur essen kann, sondern auch ausscheiden muß, so kann ich nicht immerwährend neue Informationen auf-nehmen, ohne alte und überholte aufzu-geben. Der Lernende klinkt sich in einen größeren Energiekreislauf ein. Der wird ihn ändern und er wird ihn ändern. Jeder auf seine Weise.
Der Samen schickt Wurzeln aus in die ihn umgebende Erde. Gestützt auf sie wird er in die große, helle Welt des Himmels einbrechen. Der Lernende weiß, daß das Maß seines Vertrauens in sich selbst und seine Fähigkeiten darüber entscheiden wird, inwieweit er seine Ziele in der äußeren Welt verwirklichen kann. Also beginnt er mit kleinen, tastenden Schritten, sich den ihn umgebenden Ein-flüssen zu öffnen, immer sein Bild vor Augen.

Der Keimling wächst getreu seinem inneren Bild. Er sieht sich ständig wechselndem Wetter ausgesetzt, Wärme/Kälte, Licht/Dunkelheit, Ruhe/Sturm, Nässe/Trockenheit, Menschen, Tieren, Bakterien, Mikroben: pulsierendes Leben. Der Lernende, der den Weg des Baumes geht, vertraut der Vielfalt des Lebens und versucht, sie in sein Lernen mit einzubeziehen. Er weiß, daß er in der Monotonie verkümmern wird. Statt dessen arrangiert er sein Lernen wie ein wohltönendes Orchesterkonzert mit immer neuen Instrumenten und Weisen. Darin ähnelt er einem spielenden Kind, das lachend hierhin läuft oder sich wei-

---

Kraft und seinen Mut unterstellt er dem Dienst einer höheren Sache. Er handelt im Auftrag und gleicht dem Manne, der eine Münze mit nur einer Seite verkaufen will. Doch ist der Krieger nicht dumm. Er kennt sich in der Welt aus, weiß auch um dieses Dilemma. Aber für die Dauer dieses einen Kampfes stellt er sein Wissen hintenan und wirft alle Kraft auf die eine Waagschale. Der Krieger ist einer, der das Schicksal erzwingt. Er glaubt an die Macht seines Tuns, wenn auch nur für die Dauer seines Kampfes und hofft wie auf ein Wunder; daß die Welt – einseitig – besser sei nach seinem Sieg.

In Wirklichkeit liebt er das Kampfgetümmel, die Schreie, die Gefahr. Das Hochgefühl, noch zu leben, wenn der Kampf vorbei, der brausende Jubel, wenn der Feind – fürs erste – siegreich geschlagen ist. Was der Krieger braucht, ist die Intensität seines Lebens, der Alltag auf des Messers Schneide, die Herausforderung.

Der Lernende, der den Weg des Kriegers geht, macht ein Anliegen zu seiner Sache. Er erwählt sich eine Sache, einen Weg dorthin, von dem seine ganze Seeligkeit abhängen wird. So stürmt er nach vorn, das Schicksal zu zwingen. Was sich nicht beugen will, wird zerbrochen, was nicht ausweicht niedergemacht mit der Kraft seines Geistes. Er ist hartnäckig, nicht ablassend von seinem Ziel, nicht abweichend von seinem Weg; er ist unbeugsam, wieder und wieder anrennend gegen all die vielen kleinen und größeren Hindernisse auf seinem Pfad; er ist stark. Ein Arbeiter des Geistes, dem sich nichts

nend dorthin verkriecht: das innere Bild vor Augen.
Und wie der junge Baum Äste, Ästchen und Zweige ausschickt mit Myriaden von Blättern, so sucht der Lernende auf dem Weg des Baumes, seinem inneren Bild durch immer neue Wege nahezukommen. Er bereichert seine Ausdrucksmöglichkeiten, probiert immer neue Verfahren und kombiniert sie immer wieder neu in einem endlosen Spiel. Und so wie der Baum gleichzeitig in den Himmel und in die Erde wächst, so entwickelt sich der Lernende nach außen und innen gleichermaßen.
Dank seiner Lebensenergie. Die verändert sich fortwährend (Lernen lebt von Abwechslung, S. 132), sie steht niemals still (was stille steht, ist tot. Lernen aber lebt. Wenn ich lerne, fülle ich mich mit Energie. Ich wachse lernend, S. 138).

Abwechseln

So wie sich draußen der Keimling zu einem Baum ändert, der irgendwann wieder stirbt und zerfällt, neuen Pflanzen Nahrung bietet; so wie der Helle des Tages stets aufs Neue das Dunkel der Nacht folgt und dem wieder die Helle; wie Ebbe der Flut; wie alles in diesem ständigen Wechsel lebt – so lerne ich. Ich sitze nicht 10 Stunden monoton vor einem Buch mit Rechenaufgaben; das wäre äußerst lang-weilig (auch frustrierend und die Be-geist-erung tötend), sondern ich suche diesen Wandel der Natur in mein Tun mit einzubeziehen).

- Ich kann mein Bewußtsein ändern (S. 134).
- Ich könnte verschiedene Aktivitäten mit einbeziehen (S. 134).
- Möglicherweise ließe sich auch mein Standpunkt ändern (S. 135).

---

erschließt, was nicht vorher aufgebrochen wurde mit Ausdauer und Beharrlichkeit. Private Launen steckt er weg, sein Vergnügen opfert er dem großen Ziel. Und wenn seine Begleiter, seine Familie und Freunde, nacheinander von ihm abfielen, wenn er selber durch Zeiten der Trostlosigkeit und des Verlassenseins eilen müßte, er ginge hindurch in der Gewißheit, daß er nunmehr noch schneller sein Ziel erreichte.
Der Krieger ist der Mann, der die Energien des Lebens, dieses formlose Fließen, in eine, nämlich in seine ausgewählte Form zu zwingen sucht. Die Sache verlangt es. Er wirft diesem einfachen Fließen seine geballte Kraft entgegen. Der Krieger als „workomaniac", als wie verrückt Arbeitender und Strebender. Er weiß, das Leben kann kurz, auf alle Fälle gefährlich sein, aber herrlich aufregend.
Zu seinem Schutze – denn lebensmüde ist er ja nicht – legt er sich Panzer zu. Panzer des Geistes, daß er nur noch sieht und denkt, was der Sache dienlich; Panzer des Herzens, daß er nur noch fühlt, was ihn dorthin bringt. Er ist ein Meister der Konzentration.
Seine Panzer erlauben nur die gewünschten Fähigkeiten, schirmen alle anderen ab. Scheuklappen. Sie schirmen ihn auch ab vor den Schlägen des Schicksals – und machen ihn doch empfindlich gegenüber dessen Wetterwendigkeit. Seiner tänzelnden Ungeduld sieht sich der kriegerische Lerner in seinem starren Panzer hoffnungslos ausgeliefert.
So paart sich bei ihm Kühnheit nach

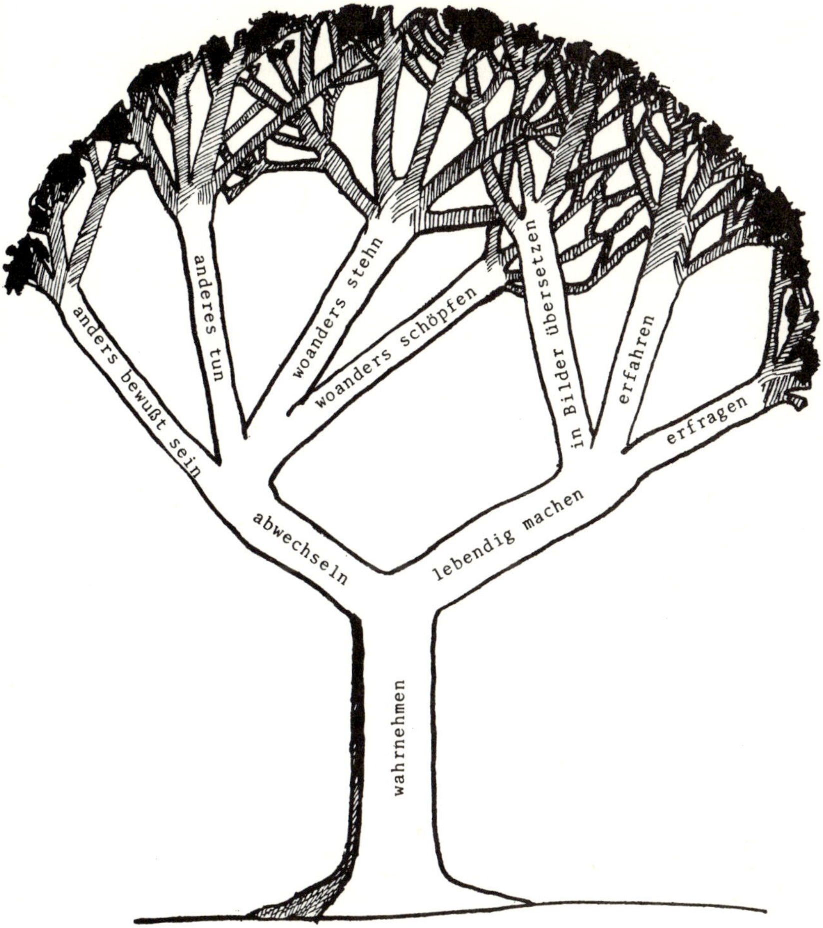

außen mit der Ver-zweiflung nach innen, Derbheit mit Empfindlichkeit und Ver-mögen mit Armut. Welch ein Wagnis! Welche Spannung!
Und im Augenblick des höchsten Triumphes erkennt der kriegerische Lerner, daß all sein Mühen vergebens war. Was er erstrebte, scheint nur leer und sinnlos. Der Stillstand des Lebens und die Abwesenheit von Lärm und Streß sind nicht zu ertragen.
Auf denn, in einen neuen Kampf! Laßt uns die Welt er-obern und wenn es sein muß, auch die Sterne und das All umher. Möge der Kampf niemals enden.

– Oder vielleicht möchte ich aus anderen, zusätzlichen Quellen schöpfen (S. 137)?

Anders bewußt sein

Von meiner Schulzeit her weiß ich noch, wie ich lernen muß. Es hieß da ,,Sitz gerade. Halt dich ruhig. Und jetzt lern!"
Erst viel später, als ich die Kids bewunderte, die sich auf dem Sofa räkelten und beim Klang des Radios lernten, ging mir auf, daß Lernen auch anders als ,,gerade sitzend" möglich sein muß.
Mich gerade hinzusetzen hält mich wach – eine Art zu lernen. Auf dem Sofa bei einer schönen Musik zu dösen – ist eine andere. Sie wurde verfeinert und erhielt einen feineren Namen: Superlearning. Lernen in der Entspannung. Im Grunde genommen verbirgt sich dahinter das, was wir als Kinder taten, wenn wir abends im Bett, vor dem Einschlafen, noch einmal den zu lernenden Text durchgingen – um dann am anderen Morgen mit einer besonders guten Erinnerung daran aufzuwachen.
Heutzutage übe ich bewußt und intensiv, mich ganz tief zu entspannen und dabei wach zu bleiben (Autogenes Training ist hierzu die bekannteste, wenn auch nicht unbedingt beste Methode. Heute gibt es elegantere, lustvollere Verfahren mit oder ohne speziellen Namen). Musik kann dabei behilflich sein, beruhigende, getragene Musik. Dann lasse ich mir in der Entspannung vortragen, was ich lernen möchte, lausche und übertrage das Gehörte in Bilder. Ich begleite also den Vortrag, der live oder auf Band vorgetragen wird, ganz wach und konzentriert, aber regungslos entspannt.
Danach komme ich wieder aus der Entspannung – und weiß mehr.
Das ist ein Verfahren, das den Körper ruhen und den Geist lernen läßt – und völlig unklar ist. Wie soll ich so lernen? Wie soll ich mit geradem Rücken lernen? Ich weiß es nicht, tue es aber. Genauso läßt es sich in tiefer Entspannung lernen (oder in leichter, oder angeregter, oder beim Tanzen und Träumen).

Träumen. Ein sehr bemerkenswertes Buch über das Klarträumen (Tholey/Utecht: Schöpferisch träumen) macht darauf aufmerksam, daß ich auch nachts im Traum bewußt lernen kann, und präsentiert Anleitungen dazu. Wachen – entspannt sein – träumen: All dies kennzeichnet mein Leben, und in all diesen Zuständen (und anderen mehr) kann ich lernen, wenn ich mich darauf einlasse. Sie lassen sich beliebig – aber mit Gewinn – kombinieren und variieren: Aufforderungen an mich, mit meinem eigenen Erleben zu spielen.

Anderes tun

,,Abwechslung ist das halbe Leben", bzw. das halbe Lernen. Es gilt, nacheinander möglichst weit auseinander liegende Tätigkeiten folgen zu lassen, um den größten Energie- bzw. Lerneffekt zu erzielen. So wie ein einzelner Ton beim ersten Hören aufregend sein kann, dann aber zunehmend lang-weilig, mono-ton wird und meine Aufmerksamkeit sinken läßt, ja wie der anhaltende Ton mich geradezu müde macht, so ermüdet jede ein-seitige Tätigkeit sehr rasch. Um wieder wach, d. h., energiegeladen zu werden, brauche ich ihr Gegenstück. Habe ich sitzend gelesen, dann kann ich aufstehen und ein wenig umherlaufen; habe ich stehend gearbeitet, dann kann ich mich hinsetzen und etwas lesen. Es tut gut, immer wieder zwischen diesen beiden Kategorien hin und her zu wechseln.

sitzen stehen liegen	laufen tanzen schwimmen Bewegungsspiele Ballspiele
arbeiten	pausieren
lesen denken Probleme lösen	lauschen malen, zeichnen krakeln phantasieren

Dieses Wechselspiel gilt allerdings auch für andere Ebenen. Ich kann nicht nur essen, in mich hineinstopfen. Ich brauche auch Zeiten, wo ich verdaue und ausscheide. Neben dem Wachen muß ich auch schlafen, neben dem Weinen auch lachen. Gleichermaßen möchte mein Körper nicht nur neue Informationen auf-nehmen. Er verlangt auch seine Ruhezeiten, wo er sie verarbeiten und alte aus-scheiden kann. Ich darf nicht nur be-halten (also fest-halten) wollen, ich muß auch bereit sein, los-zu-lassen. Lernen und Vergessen bedingen einander. Wo ich nur noch Lernen ohne die andere Seite des Vergessens haben möchte, da mache ich mich selber zum Monster, bevor ich an Verstopfung zugrunde gehe.

Es ist alles im Fluß. Und beim Lernen besteht meine einzige Aufgabe letztlich darin, diesen Fluß zuzulassen, etwas hochtrabender gesagt, ihn zu ermöglichen. Die alte Rede, daß nichts von Bestand ist, gilt ja auch und gerade fürs Lernen: Was heute lebensnotwendig zu wissen ist, gehört morgen zum alten Eisen (die Erde ist eine flache Scheibe, hieß es einmal). Wollte ich daran fest-halten, gehörte ich bald zu den verknöcherten Alten, die sich vor lauter Festhalten schon nicht mehr bewegen können. Ich will nichts gegen solche Menschen sagen, sie haben für ihr Verhalten einleuchtende Gründe; nur kommt diese Strategie für mich nicht in Frage. Ich möchte auch fähig sein/werden auf-zugeben. Auch daran messe ich mein Lernen.
Alles fließt.

Woanders stehen

Bisher hatte ich mich bei dem angestrebten Wechsel auf Bewußtseinsebenen und mein Tun konzentriert; ich möchte es nun auf veränderte Standpunkte ausdehnen. Will ich etwas lernen, muß ich mich auf diese neue Sprache ein-lassen, ich muß sie in mich herein-lassen. Ich könnte auch sagen: Ich nähere mich ihr. Ich verringere den Abstand zwischen ihr und mir. Ich be-fasse mich mit ihr. Aus der Ferne geht das nicht. Für mein Lernen ist also der Abstand bestimmend, den ich zu einer Sache einhalte.
Astrophysik beispielsweise ist ein Lerngebiet, das so weit wie die Sterne von mir entfernt ist. Ich weiß nichts davon, außer dem Namen. Durch Bekannte, Bücher oder Geschehnisse könnte nun mein Interesse auf dieses Gebiet gelenkt werden. Und wie im Alltag ein Haus, dem ich mich aus großer Entfernung nähere, immer klarer wird, so nähme auch Astrophysik bei anhaltendem Interesse an Klarheit zu. Je näher ich ihr käme, je mehr ich mich auf sie ein-ließe, desto mehr änderte sich das Interesse zu Faszination und schließlich bei noch innigerem Kontakt zu Liebe. Gleichzeitig änderte sich mein Lernen. Mit wachsendem Interesse stiege die Fülle zu lernender Informationen, bei Liebe wäre ich mitten drin in ihrem Fluß, es gäbe nichts mehr zu lernen, nur noch da-zu-sein.

Mit dem Abstand ändere ich mein Lernen. Je näher ich herangehe, desto mehr löst sich Lernen im herkömmlichen Sinne in Da-Sein auf. Ich kann mich aus der Liebe zurückziehen auf den Standpunkt des Interesses und noch weiter zurück, indem ich dieses Lernen „aus den Augen verliere", es fallen lasse.

Das sind Durchgänge. Ich nähere mich einem Interessengebiet, gehe in Liebe hindurch, die zu Interesse ab-kühlt, um dann neuen Interessen Platz zu machen, neuen Lernfeldern. Ich kann diese Durchgänge üben, indem ich mich bewußt für neue Dinge interessiere. Ich kann sie langsam angehen oder einen Durchgang ein Leben währen lassen.

Vor allem aber kann ich mich bei meinem jetzigen Lernen fragen, wie groß der Abstand ist zwischen mir und dem, was ich lernen möchte – um dann u. U. diese Entfernung zu ändern.

Ich sehe neben dem gefühlsmäßigen Abstand auch den der Gedanken. Wenn ich lerne, kann ich mit meinen Gedanken bei der Sache, besser in ihr sein; sie können aber auch abwandern, umherstreifen. Wir sagen dann: Ich bin geistig abwesend. Und wie bei der gefühlsmäßigen Nähe entscheidet auch die gedankliche Nähe über meine Lernergebnisse: je näher, desto größer, deutlicher und vielseitiger.

Es gibt andere Standpunkte, die ich ausprobieren kann. Was ist Lernen für mich:

- Ein Kampf, der bis zum Ende gefochten sein will?
- Ein Spiel, das ich ernst oder heiter für eine Weile spiele?
- Ein Schauspiel, das ich als Zuschauer betrachte?

Wenn ich mich in meinem Bekannten- und Freundeskreis umschaue, von welchem Standpunkt aus lernen diese Menschen? Wie würde ich mich fühlen, änderte ich (probehalber) meinen Standpunkt und gliche ihn dem diverser Freunde an? Welche neuen Erfahrungen könnte ich machen?

Mein Standpunkt ist ja – verglichen mit dem meiner Mitmenschen – nur einer aus einer Vielzahl von Möglichkeiten. Ich erreiche damit bestimmte Ziele, lerne eben auf meine Weise. Dieser Standpunkt bestimmt meine Vorgehensweise beim Lernen. Er erlaubt mir meine Erfolge – und schafft meine Mißerfolge und Grenzen. Neue Standpunkte tun neue Welten voller Möglichkeiten auf.

Ein Weg zu einem veränderten Standpunkt könnten besagte Nachforschungen nach den Standpunkten meiner Mitmenschen sein. Wo stehen, wie denken und lernen sie? Allein schon dieses vorurteilsfreie Hinschauen wird mich offener für neue Einsichten und Veränderungen in mir machen. Es wird meinen Standpunkt erweitern. Andere Sprachen existieren dank ihrer radikal anderen Standpunkte. Sie zu lernen heißt, meinen Standpunkt zu ändern.

Dahinter steht das Bemühen, mich und andere Menschen nicht von vornherein verurteilen, sondern v e r s t e h e n zu wollen. Verständnis erweitert meinen Standpunkt.

Eine der interessantesten Standortfragen könnte die nach dem Verhältnis zu mir sein. Vertraue ich mir bei dem, was ich tue (stehe ich auf festem Grund) oder zweifle ich (gehe ich bei der Verfolgung meiner Ziele durch ein unbekanntes Moor? Hält der Grund unter mir?)? Welchen Standpunkt habe ich gewählt? Gibt es andere Möglichkeiten? (Wenn ich meine Vergangenheit überschaue, komme ich zu dem Schluß, daß sich mein Boden unter den Füßen je nach Sachgebiet ändert. Bei Sport ist er äußerst unsicher, während ich ihm beim

Singen traue, beispielsweise. Ich erkenne aber auch, daß dem nicht immer so war. Er ändert sich in dem Maße, wie ich Vertrauen oder Zweifel übe. Ich habe den Boden unter meinen Füßen geformt. Dann müßte ich ihn auch ändern können, wo ich dies möchte.)

Zweifel an meinen Fähigkeiten sind nicht naturgegeben/angeboren/geerbt – genausowenig wie es das Vertrauen in mich ist. Ich betrachte sie als Standpunkte, die ich einnehme, um gewisse Ziele zu erreichen. Sie sind veränderbar. Ich kann sie ändern. Als eine gute Möglichkeit, grundsätzlich flexibler mit meinen Standpunkten umzugehen, betrachte ich auch Rätsel. Ihre Lösung besteht in einem veränderten Standpunkt. Hier ist eines:

Was ist hier los?

Diese Aufgabe ist recht merkwürdig, doch was so merkwürdig ist, bleibt geheim. Ich behalte es, wie ich hoffe, für mich. Doch wie rasch kommst du darauf? Bei aufmerksamem Vergleich dieses Textes mit bereits Geläufigem fällt dir sicher sofort auf, was hier so seltsam ist, oder? Vielleicht glaubst du, ich machte mich über die lustig? Ich versichere dir: Es ist gerade umgekehrt. Löse diese Aufgabe möglichst selbst. Betrachte sie, grüble fleißig darüber. So ist der Erfolg dir sicher. Du kommst bestimmt zum Ziel. Bleib am Ball. Viel Glück.
(aus James F. Fixx: Rätsel und Denkspiele mit Seitensprung, dumont-Verlag)

Woanders schöpfen

Bücher bzw. das gedruckte Wort stellen die wohl mit Abstand meistbenutzte Quelle unseres heutigen Wissens dar. Das geht so weit, daß ich nur, was ich gedruckt vor sehe, als ,,Wissen" zu akzeptieren bereit bin. Wissen scheint zunächst einmal im gedruckten Wort präsent zu sein.

Schon eine seltsame Ansicht. Denn schließlich stellen sämtliche Drucksachen ja nur die Meinungen einzelner dar, die sie zum Zwecke der weiteren Verbreitung schwarz auf weiß aufsetzen ließen.

Tatsächlich verlieren doch die gedruckten Meinungen viel von ihrer ursprünglichen Komplexität. Der Mensch, um dessen Äußerungen es doch geht, mit all seinen gegenwärtigen Gefühlen, Hoffnungen, Ängsten; der Mensch mit all seiner Ausstrahlung, die sich kaum in Worte, wohl aber in Erleben fassen läßt: all das also, was ihn lebendig, einmalig macht – es geht zum größten Teil verloren, wenn seine Äußerungen zu Papier gebracht werden.

Und doch bin ich u. U. bereit, diesem gedruckten Wort mehr Aufmerksamkeit und Gewicht zu verleihen, als den Worten eines lebendigen Gespräches. In meine Bücher versunken vergesse ich nur allzu leicht, daß Wissen zunächst einmal Energieübertragung zwischen zwei Personen ist. In dieser Energie schwingt das Wort, aber auch der Mensch, der sich nicht nur äußert, sondern ja tatsächlich auch etwas von sich gibt. Ein Gespräch vermittelt mehr und andere Energie als zurückgezogenes Lesen. Was hindert mich, von diesen reichhaltigeren Quellen Gebrauch zu machen?

Und wenn ich denn auf mein (Lehr-) Buch fixiert bin, auf diese ganz bestimmten, Seite nach Seite dargebotenen Informationen, die ein Autor für sich als richtig erachtete: Wer sagt mir, daß ausgerechnet dieses Buch für mich das richtige ist? Könnte es nicht sein, daß hinter meiner Schwierigkeit zu lernen in Wirklich-

keit meine Unvereinbarkeit mit diesem Buch steht; daß dieses Buch, kurz gesagt, nicht zu mir paßt? Gibt es nicht andere Bücher zum selben Thema, die ich ergänzend oder anstelle des alten benutzen kann? Verschiedene Bücher mögen sich überschneiden in ihrem Inhalt (eine willkommene Wiederholung), sie beleuchten aber auch denselben Gegenstand aus anderen Blickwinkeln, die mir eventuell leichter zugänglich sind bzw. mein Wissen wohltuend abrunden.
Neben regelrechten Lehrbüchern existiert eine Fülle von Magazinen, Zeitschriften, Vereinsnachrichten, die sich alle aus ihrer Sicht mit dem Thema auseinandersetzen.
Ich könnte mich auch fragen: Wo ließe sich das Wissen, das ich erwerben (lernen) möchte, praktisch anwenden? Und wer könnte dies schon getan haben? Gespräche mit anderen Menschen, auch Nichtfachleuten, helfen weiter, Besuche in Büchereien, Kontakte zu Lehrern, ehemaligen Schülern, Interessengemeinschaften: Die ganze Welt wartet nur darauf, daß ich komme und frage.

Lebendig machen

Wie der Mensch ist, was er ißt, so ist er auch, was er lernt. Lernt er Totes (Langweiliges), dann ist er selber tot (langweilig); lernt er . . .
Ich lerne, um intensiver und freudiger zu leben. Als lerne ich, was meine Lebendigkeit steigert. Um die Verdaulichkeit zu erhöhen (besser zu lernen), bereite ich die Informationen zu wie ein Koch, bevor ich sie aufnehme.

- Ich übersetze meine Informationen in Bilder (S. 138)
- bzw. er-fahre sie mit möglichst vielen Sinnen (S. 139),
- und ich befrage sie, was sie für meine Welt bedeuten (S. 140).

So mache ich das, was ich lernen möchte, lebendiger.
Dahinter steht der Gedanke, daß meine Innenwelt – was ich Gedächtnis oder Erinnerung nenne – um so eher mir zur Verfügung steht, wie ich sie der Außenwelt angleiche. Die äußere Welt, in der ich lebe, sehe ich, schmecke, fühle, ertaste ich. Ich gehe in ihr umher; da ist also Raum, in dem etwas geschieht. Ich laufe, renne, jage oder stehe einfach bewundernd da, während die Sonne mich wärmt, Vogelgezwitscher an mein Ohr dringt, der Duft von Blumen und Gräsern mich umschmeichelt – kurz, die Außenwelt verkörpert zunächst einmal das ganze dralle, pralle Leben.

Wie tot erscheint dagegen eine Buchseite mit Formeln, die ich lernen möchte! Kein Bild, kein Gefühl, keine Sinneseindrücke, außer den paar nackten Linien auf dem Papier. Lebendig machen!

In Bilder übersetzen

Für die meisten Menschen scheint, was die Sinneseindrücke angeht, Sehen die größte Bedeutung zu besitzen. Unser Gedächtnis arbeitet vorwiegend visuell, unser Leben spielt sich hauptsächlich in Bildern ab („Sie trug ein gelbes Kleid mit einem grünen Hut“). In unseren Gesprächen sind es die Bilder, die haften bleiben („Die Karawane zieht weiter“). Und ein Großteil der Informationen, die ich lernen möchte, besteht aus Symbolen/Worten (→ Symbole 17), künstlich geschaffenem Material, das der erlebten, dreidimensionalen Wirklichkeit nicht entspricht.
Hier ein einfaches Beispiel:

Zweibein sitzt auf Dreibein und ißt Einbein. Da kommt Vierbein und nimmt Zweibein Einbein weg. Zweibein wird darauf wütend, nimmt Dreibein und wirft es nach Vierbein. Worauf Vierbein Einbein zu Zweibein zurückbringt.

Worum geht es hier? Lese ich allein die Worte, bleibt mir die Bedeutung des Textes versperrt. Versuche ich aber, mir ein Bild zu machen, entdecke ich die Geschichte hinter den Worten und der Text macht plötzlich Sinn.
Zweibein sitzt auf Dreibein . . . Da sitzt wer, mit zwei Beinen versehen, ein Zweibeiner, ein Mensch? auf etwas mit drei Beinen, einem Schemel? und ißt Einbein, Eisbein, einen Knochen? Da kommt Vierbein(er) und nimmt . . . die Geschichte nimmt – aha! – ihren Lauf. Ich habe sie in Bilder übersetzt.
Alle mir bekannten Memorier-Systeme von der Antike bis heute leben von diesem „Trick": Informationen an-schaulich zu machen. Hier liegt auch die eigentliche kreative Leistung des „Lernens":
Worte sicht-bar, er-fahrbar zu machen. Dafür gibt es keine Tricks, keine Anleitung, weil meine Welt nicht deine ist, jede anders ausschaut. Mit meinen Bildern stehe ich letztlich alleine. Und doch läßt sich dieser Vorgang üben:

- Am geeignetsten sind wohl noch packende Romane, deren Texte von (Vorstellungs- und Sprach-)Bildern leben. Beim nächsten Lesen konzentriere ich mich ganz bewußt auf intensive Bilder.
- Ein nächster Schritt können Zeitungen sein. All die vielen kleinen Meldungen lesen und in Bilder übertragen (ein bemerkenswerter Seiteneffekt: Ich behalte mehr von dem Gelesenen). Lasse ich meiner Phantasie dabei freien Raum, mag die Lektüre sogar spannend werden.
- Dann kann ich mich bewußt auf die Suche nach Texten machen, deren Verständnis mir schwerfällt. Ich gehe sie mit meinen erweiterten Fähigkeiten an, ich will sie als Herausforderung an mich betrachten, nicht als einen Kampf auf Leben und Tod. Bildermachen ähnelt mehr dem lustvollen Spielen der Kinder.
- Den Höhepunkt bilden wohl Formeln aller Art, an denen ich mich zum Abschluß versuchen kann.

Erfahren

Mit meinen Augen erfasse ich nur einen Teil meiner Wirklichkeit. Ich lebe ja auch von meinen anderen Sinnen. Hören, riechen, schmecken, tasten, fühlen. Wenn ich Informationen in Bilder übersetzen kann, dann auch in Geräusche, Gerüche, Geschmack, Gefühl und was da sonst noch ist. Ich mag hier ein wenig stutzen: Informationen in Gerüche und Geräusche übersetzen? Tatsächlich handelt es sich hier um gar nichts Neues: hänge ich meinen Erinnerungen nach, höre ich auch, genauso wie ich rieche – wenn ich das möchte. Ich brauche nur meine Aufmerksamkeit darauf zu lenken. Vielleicht erscheinen mir die Ergebnisse manchmal etwas schwach, verglichen mit den prachtvollen optischen Eindrücken. Dann aber bedeutet das nur, daß sich hier ein weiteres Übungsfeld für mich auftut.

- Anfangs wäre wohl eine Bestandsaufnahme angebracht: Welche Sinne benutze ich bei meinen Erinnerungen intensiv, welche weniger?
- Jeder Sinn läßt sich verfeinern, wie schon beim Übersetzen in Bildern klar

wurde. Ich muß nur riechen/fühlen/ schmecken wollen und diesem spielerischen Wollen Raum geben.

Wenn in diesem Roman von einem Essen die Rede ist, zu dem Weintrauben gereicht werden (ich sehe sie vor mir): Wie schmecken die dann, wie fühlen sie sich an? Wie riecht das Parfüm der Dame, das sie nimmt und welche Laute gibt ihr schmachtender Liebhaber von sich? (Süßkinds Roman „Das Parfüm" ist eine einzige Versuchsanleitung für riechendes Lesen.)

- Auf Zeitungslektüre übertragen: Kann ich (welche?) Politiker und Persönlichkeiten riechen? Fühlen?
- Weiter: Wie fühlt sich dieser Text an?

  Versorgungsansprüche nach diesem Gesetz ruhen, soweit sie 50 vom Hundert der Entschädigung nach § 5 Abs. 1 übersteigen, neben Versorgungsbezügen aus einer Mitgliedschaft im Europäischen Parlament, einem Amtsverhältnis oder einer Verwendung im öffentlichen Dienst zu 50 vom Hundert des Betrages, um den sie und die Versorgungsbezüge aus der Mitgliedschaft im Europäischen Parlament, dem Amtsverhältnis oder der Verwendung im öffentlichen Dienst die Entschädigung nach § 5 übersteigen, höchstens jedoch in Höhe der Versorgungsbezüge.

  Spiegel Nr. 26 vom 27. 6. 88

- noch weiter: Formeln, lassen sie sich riechen? Was vermutet meine Phantasie hinter ihnen?
  H_2O

Erfragen

Solche Ansätze (wie riecht dieser Politiker/diese Formel) mögen zunächst befremdlich erscheinen; sie führen aber konsequent in die eine Richtung, die für mich zählt: zu mir, in meine Welt.

Mehr oder weniger verborgen hinter all diesen Fragen der Wahrnehmung steht die eine große Frage: Was bedeutet das für mich?

Wie nehme ich die Dinge wahr, wie ist meine Haltung? Was sehe/fühle/schmecke/rieche/taste/höre ich ? (Andere Menschen nehmen anders wahr.) Was bedeutet all das für mich?

Wenn Lernen heißt, Informationen von der äußeren Welt in meine innere zu übertragen (und dann wieder zurück), dann ist diese letzte Frage ausschlaggebend für mich, da nur sie der Einzigartigkeit meiner inneren Welt gerecht wird. Ich kann nicht lernen wie mein Nachbar. Ich lebe in meiner eigenen unverwechselbaren Welt, und zu der darf ich den Zugang finden, durch meine Art des Lernens. Die kann ich fragend entdecken. Eine uralte Geschichte: Frage – und erkenne dich selbst.

IV.

Literaturhinweise

Literatur zum Thema

Beyer, Günther
- Schnell und erfolgreich lernen. München 1985.

Buzan, Tony
- Kopftraining. München 1984.
- Nichts vergessen. München 1987.

Fixx, James F.
- Rätsel und Denkspiele mit Seitensprung. Köln 1983.

Edwards, Betty
- Garantiert zeichnen lernen. Reinbek 1984.
- Der Künstler in dir. Reinbek 1987.

Houston, Jean
- Der mögliche Mensch. Reinbek 1987.

Masters, Robert, und Houston, Jean
- Bewußtseinserweiterung über Körper und Geist. München 1987.

Mulford, Prentice
- Unfug des Lebens und Sterbens. Frankfurt 1977.

Ostrander/Schroeder
- Superlearning. München 1979.

Roberts, Jane
- Wege zu Seth. München 1988.
- Gespräche mit Seth. München 1986.
- Die Natur der Psyche. Genf 1985.
- Die Natur der persönlichen Realität. Genf 1985.

Smothermon, Ron
- Drehbuch für Meisterschaft im Leben. Bielefeld 1987.

Tholey, Paul, und Utecht, Kaleb
- Schöpferisch träumen. Der Klartraum als Lebenshilfe. Niedernhausen/Ts. 1987.

Wester, Joachim
- Gedächtnistraining. Wiesbaden 1986.